1万人が学んだ

日本一の億トレ養成機関

ウルフ村田　株トレマスタースクール

秘密の授業

SECRET CLASS

ウルフ村田

Wolf Murata

ビーパブリッシング

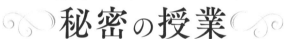

はじめに

現在、あなたはどれほどの投資資金がありますか？

「50万円を思いっきり運用できる」「30万円くらいだったらなんとか捻出できる」といった余裕のある人もいれば、「資産が１万円しかありません」なんて人もいるかもしれないですね。

ですが少資金しかない人でも、これから株式投資を始めて、正しい方法で修業を積んでいけば資産を増やしていけるのです。

１万円を10倍にすれば10万円になるし、さらに10倍にすれば１００万円。そして１０００万円、１億円…という風に、倍々にしていくことであなたのお金は増えていきます。

これは日本株だからこそ実現可能な話です。もちろんアメリカ株でも時間をかければ利益を増やしていくことはできますが、アメリカ株は値上がりが遅く、すぐに資産を増やすのが難しいのです。それに対して日本株には、株価が何倍にもなるような銘柄が毎年出てきますので、そのような「スター銘柄」をピンポイントで安く買い、高く売るのを繰り返していきます。

投資で失敗する人って、ほとんどが高値掴みしてしまうんですよね。

アベノミクスの頃も大きな利益を出すチャンスだったはずですが、高値掴みをしたせいで資産を増やせなかった人々がたくさんいました。当時の相場は過熱していましたが、大局を見ず、市場の流れを的確に捉えられなければ、損失を出してしまいます。

これからお金持ちになりたい人はアベノミクスを教訓にして、間違ったタイミングで売買してしまわないよう、投資のスキルを高めなければなりません。

私は個人投資家を対象に、株で稼いでいくための方法を伝えてきました。スクールの開講から早いもので8年が経ち、関わった生徒さんは約1万人。うれしいことに「資産が億を超えました！」と報告してくれる人もいました。

「これからも資産家を増やしていきたい」という想いから、本書では投資初心者向けに、株取引で勝つための方法を解説しています。

まず第1章と第2章では私のプロフィールと実績について触れています。

第3章では、初心者が知っておくべき株の基礎知識をまとめました。投資の基本戦略やテクニカル、ファンダメンタルズ分析の概要など、私の投資戦略を理解するにあたって大切な知識を整理していますので、しっかりと読み込むようにしてください。

そして第4章では、私が実践している投資手法をお伝えします。値上がりが期待できる株式銘柄を探す方法と、その銘柄を売買するタイミングが分かります。株式投資では、良い銘柄を見つけて買うだけではなく、売って利益を確定させなければ意味がありません。そのため投資の出口戦略の重要性についても、注意しておきましょう。

第5章では、チャートと一緒に私の過去の売買の様子を公開しました。実際に売買したタイミングや、その銘柄が値上がりした理由、そして値動きし始めるのを見逃さないようにするにはどうすればいいのかを説明しています。

第6章は、あなたが投資家として成功するために必要な考え方について。投資には学んだ技術を実践することに加えて、マインドセットも大切になります。

第7章では、私のスクールで学んだ受講生の皆さんの声をご紹介しています。

本書の中で、投資初心者の方に注目して欲しいのは、第4章のチャート分析のところです。

特に大切なのが「移動平均線」と呼ばれる指標。

「この移動平均線を見ないでトレードする人はいない」と言っても良いほど投資家にとって主流なものですが、意外と奥が深いのです。多くの人が知っているようで、本当の活用方法を知らない指標になります。

というのも移動平均線は、株式銘柄によってパラメータ値を使い分けなければならず、その数値の調整が難しいんですよね。

一般的に日足チャートにおける移動平均線の設定値は5、25、75ですが、必ずしも当てはまるとは限りません。

私は長年相場を続けて検証を繰り返した結果、設定値のパターンを発見しました。

このパターンが分かれば誰でも移動平均線を使いこなして、トレードの勝率アップを期待できます。

本書を手に取っていただいたあなたには、特別にウルフ村田流・移動平均線パラメータ設定マニュアルをプレゼントしています。設定は誰でも簡単に行えますので、次ページのＱＲコードから、ぜひ特典を受け取ってください。

相場にはどんな時にも利益を上げるチャンスが必ずあり、現時点で少資金しかない人でも億の資産を築くことが可能です。投資は下剋上の歴史ですので、「今に見ていろ、必ず勝つ！」というファイティングスピリットを常に持ち続けるようにしましょう。

この本が、あなたの資産家への第一歩となれば幸いです。

ウルフ村田

読者様への特典

是非下記QRコードより
お受け取り下さい。

QRコードからご登録すると
下記特典を受け取ることができます。
登録は無料です。

- ウルフ村田オリジナル パラメータ設定マニュアル
- 黄金株発掘スクリーニング法（動画）
- 暴落時のトレードテンプレート

期間限定の特典となっていますので
お早めにご登録ください。

目次

第1章 ウルフ村田プロフィール紹介

第2章 ウルフ村田の指導実績紹介

第3章

そもそも株式投資とは?

第4章

ウルフ村田流 銘柄発掘術の秘密を公開

第5章

私の過去の売買記録を銘柄別に公開！

第6章

成功する投資家になるために必要なこと

第 1 章

ウルフ村田
プロフィール紹介

私が株式投資にこだわる理由
「どの世界でも一番になりたい」

私が株式投資に出合ったきっかけは父方の叔父でした。彼は私が中学生のときから株式投資を行っており、株で成功し一財産を築いていたのです。身の回りの家財道具は、会社勤めをして得た給料ではなく株式投資の利益で買う、といった彼の生活スタイルは、中学生の私にはとても衝撃的なものでした。そんな叔父の影響で、私にとっては株式投資が身近な存在となり、私も大学在学中から株を始めました。

また、幼いころから私は大の負けず嫌いで、どの世界でも一番になりたいという思いが強くあったので、高校は桜蔭高校、そして大学は東京大学経済学部に進みました。東京大学在学中から始めた株式投資でも同様に、**「株の世界でもトップになりたい！」**という思いは変わりませんでした。

ただ、当時はインターネットが普及する前の時期でしたから、今と違いトレード手法や様々な銘柄の情報に簡単にアクセスできる時代ではありませんでした。叔父という手本は身近にいましたが、叔父の投資スタイルでそのまま自分も利益を得られるかというとそうではありません。自分自身でトレードの研究と実践を日々重ね、自分に向いた投資スタイルを模索した結果、資金効率重視のトレードを中心にした短期売買にたどりつきました。

自分なりの短期売買を極めたことが功を奏し、私は20代にして億トレーダーの仲間入りを果たすことができました。野村や日興、大和といった大手証券会社で支店長が担当者として付いて取引するほど大きな売買をするようになったのです。

当時は個人でのトレードだけでなく、国内や海外の優良なベンチャー企業へも投資していました。証券会社や個人から紹介された未上場のベンチャー企業の代表の方と、実際にお会いしたうえで、今後の成長が見込まれる企業には資金供給として応援する気持ちで投資していました。

私の投資実績について
～年間収支でマイナスの年はなし～

私の投資の実績についてですが、2013年には年間2億円の利益を達成しており、**投資開始から年間収支で一度もマイナスになったことはありません。**

特にアベノミクスの頃は大きく資産を成長させることに成功しました。アベノミクス開始後の1年間で、日経平均株価は約6割上昇しています。

当時は成長を期待できるような株を、大きく値動きする前にエントリーすることで利益を上げるような方法を取っていました。

アベノミクスは投資家にとって絶好の機会だったと言えます。

私はこの経済政策の波に上手く乗ることができ、そのころからメディアの取材を受け、テレビ出演もしていました。

↓投資スタイルは主にスイングトレード

私の投資スタイルについては、頻繁な回転売買や、短期間で売買を繰り返すタイプの投資よりも、むしろスイングトレードのように、少し長めの期間を見越した方法がメインでした。これは株式投資初心者にもおすすめの方法なので、第3章で詳しくお伝えしますね。

そして「この後大化けして高騰する」と思われる銘柄を確保し、それを持ち続けるという戦略を取っていました。

例えば半導体関連の企業であるレーザーテックは価格変動が大きく、２０１９年1月から3年かけて20倍にまで膨れ上がっています。持ち続けている間に含み益がどんどん大きくなっているんですね。もしくはバイオ系の企業であるファーマフーズのように、1年間保有しているだけで価格が8倍、10倍となるような銘柄を見つけ、それをチャートに基づいて徹底的に売買するという戦略を取っていました。

このような銘柄をいち早く見つけ、価格の変動幅を最大限に活用して売買を行っていけば、あなたも資産を築くことができるのです。

↓複利を理解し、時間を味方につけよう

ただし一度の高騰株の初動に乗るだけでは、あなたの資産を膨らませるのは難しいでしょう。投資において重要なのは、**「複利の力」**を利用することです。

複利とは、時間の経過とともに元本に加えて利息が加算されていくことで、生み出される利息が次第に大きくなっていくことを指します。

つまり、利益が再投資されてさらなる利益を生むという力です。私はその力を信じて、年々と資産を積み増してきました。利益が出たらその分を別の株式購入に充てることでさらに利益を出す…といったことを繰り返していき、資産を「雪だるま式」に増やしていったのです。

複利については第6章でお伝えしています。

↓口座を分けてリスクヘッジするべし

「複利ってすごい!」「自分でも利益を増やせそう」と感じた方もいるかもしれませんが、もち

ろん投資にはリスクも存在することを忘れてはいけません。金融市場には「ブラックスワン」という用語があり、レアで予測困難な出来事を意味します。

代表的なのは地震、津波、ハリケーン、台風などの自然災害であり、これらは予測が困難であり、突然発生し、大きな経済的・社会的な影響をもたらすことがあります。過去には、2011年の東日本大震災や2005年のハリケーン・カトリーナなどもブラックスワンの例として挙げられます。

それでは、何が起きるか分からない状況で私達が取るべきリスクヘッジは何でしょうか？　私がおすすめするのは**「口座を分けること」**です。

例えば300万円の資産があるのなら、それをA社とB社、そしてC社の3つの証券会社に100万円ずつ入れて運用します。資産を分散させておけばリスクの分散にもつながるので、仮にA社での口座で投資に失敗したとしても、他の口座でその損失分を取り戻すことが可能です。

それに対して、300万円すべてをA社に突っ込んでいる状態で失敗すれば、あなたの全資産に与えるダメージは大きいものになるでしょう。

こうしたことが発生しないように、私は分散投資を他の投資家にも推奨しています。長年投資をしている方でも、絶対にミスをしない保証はないので、運用を間違った時でも全体のパフォーマンスへの影響を最小限に食い止めるためにも、資産を分けておく戦略は有効です。

「複利の利用」と「分散投資」は、私が今でも続けている戦略であり、そのおかげで私の投資運用益は一貫して良好を維持しています。

↓思考の速さも投資では大切

投資において、私は思考の速さ、頭の回転の速さについても重要視しています。

私は幼いころから、自然に与えられた頭の良さよりも、頭の回転を速くするための訓練や努力を大切にしてきました。

筋肉と同じで、頭も使っていかないとどんどん衰えるんですね。なので私は今でも脳トレをしていて、例えばパッと出されてすぐに隠された5枚の絵の特徴を当てたり、10枚の絵を並べ換えたり、といったトレーニングを行っています。

回転速度が速ければ情報を迅速にキャッチできるし、素早く判断を出せるようになります。読書をするときだって、内容がスムーズに入りますし、読みながら情報を頭の中で整理できるので、インプットの効率が格段に上がります。

そのため回転速度のアップは投資のベースとも言えます。

X（旧Twitter）でも脳トレの紹介をしているんですが、あまり人気がないんですよね。投資の世界では、「次に価格が上がる銘柄」が一番の関心事であり、頭の回転の速さを向上させるようなことには興味を示す人が少ないようです。

こういう話をすると、「でも私は昔から考えるのが遅くて…」という方もいるんですが、思考のサイクルは後から鍛えられますので、安心してください。**生まれつきの頭の良さよりも、思考の回転を速くする訓練が重要です。**東大を出ていても、長期間のルーティンワークで言われたことしかできない脳になっている人もいるので、脳トレを通じてシナプスを活性化させるのがおすすめです。

私のX（旧Twitter）アカウントでも脳トレの話はしていますし、インターネットで調べればたくさんの情報が出てきますので、ぜひ今日からでも頭の回転を速くするための訓練を始めてみましょう。

多くの億トレを輩出してきた「株トレマスタースクール」設立の背景

私は「株トレマスタースクール」という、株式投資のスクールをやっていて、年間億単位の金額を稼ぐトレーダーをこれまでにたくさん育ててきました。

スクール設立の背景は、私がトレードで資産を増やしていた時に、ある人から「村田さん、トレードのスクールをやらないか？」と声をかけられたことです。

当時の私の周りには、株を通じて資産を形成した人々がたくさんいました。それが私の世界のすべてで、資金に困っている人々はほとんど見かけませんでした。

こうした環境は偶然に生まれたわけではなく、私が自分の意志で作り上げたのです。私は自分自身のクラスや身の周りの環境が、学歴や職歴、そして資産といった要素によって決まってしまうという現実に気づいていたので、自分の周りがお金持ちばかりになるよう、意識的に環境を構築していきました。

この考え方はビジネス・自己啓発でもよく取り上げられていて、有名なのはアメリカの起業家であるジム・ローン氏が言及している、いわゆる「5人の法則」です。すなわち、**「あなたが最も時間を共有する5人の人々が、あなた自身の考え方、態度、成功レベルに大きな影響を及ぼす」**という考え方です。

だから私は、自分の身近に何千億円もの資産を持っている人々が常にいるような世界を創り上げたのです。

一方で全く逆の状況、すなわち貧困に苦しむ人々が大勢いる世界も存在します。

例えば一人親家庭（特に母親が子育てを担当する家庭）が経済的に厳しい状況に直面しているケースなどが代表的でしょう。パートナーがいなくなれば家庭全体の所得が減少しますし、子育てとフルタイムでの労働を両立させると、時間や資金が制約され、新しい挑戦もしにくくなります。

また、「老後2000万円問題」についても、不安を抱える方が多いでしょう。これは日本の金融庁が2019年に公表した「経済財政白書」で提起した、退職後の生活資金に関する問題です。この白書では、日本人の平均寿命と公的年金だけではカバーできない老後の生活費についての試算が示されました。

この試算によれば、「高齢夫婦が65歳以降の生活を送るためには、公的年金以外に約2000万円の蓄えが必要」とのことです。試算が公表された後、「公的年金だけで老後を送ることが難しいのでは」と考える方が増えて、多くの議論がありました。

私は「投資の知識を教えることで、人々の生活環境やクラスを変えることができるのではないか」と考えました。だからこそ私は、単に「株を教える」スクールではなく、人々が自分の環境や世界を変えられるように、生活そのものを向上させる手段として投資を教える場を作ろうと思ったのです。

私のスクールを通して、資産家がたくさんいる状況に身を置くのと同時に、投資のスキルを高めて自分の力で生き抜けるようにしてもらいたいと思っています。

人生すべて下剋上！　私もゼロから這い上がった

読者の中には「なんだ、村田はもともと勝ち組だったんじゃないか」と思った人もいるかもしれませんが、そんなことはありません。

私は何もないところから自力で這い上がり、努力して桜蔭・東大へと進学する道を切り開きました。

さらに大学に入学したとき、私の金融資産はゼロでした。しかしもともと私は働くのが好きで、

1週間休みなくアルバイトに精を出すことも珍しくなかったのです。そうして自分の初期投資資金、いわゆる株の種銭を稼ぎ出しました。

学生の頃にやっていたアルバイトでは、さまざまな仕事を経験しました。新幹線のワゴン販売やマクドナルドでの接客など、人気のある仕事を中心にやっていましたが、学びが多かったのは家庭教師のアルバイトです。東大生は家庭教師をしている人が多かったんですが、私は何も考えずに家庭教師をしていたわけではなく、「富裕層の家庭で家庭教師をする」という目標を掲げました。その理由は、富裕層の生活習慣や思考パターンを近くで学びたかったからです。

昔は「ペットシッター募集」とか「ベビーシッター募集」といったような募集をかけてもよい掲示板があったので、私もそこで自分の経歴と希望する時給を書いて、家庭教師のアルバイト依頼を募集しました。あまりにも安すぎる時給を設定すると、多種多様な家庭から依頼が来るので、自分が目指す富裕層の家庭に限定するためには、適切な時給設定が重要でした。

その結果、私は元麻布に住む、低層の10億円クラスの豪華なマンションや一戸建ての家庭で教える機会を得ることができたのです。

当時はバブル経済の時代で、私が教えた家庭の中には不動産業を営むところもありました。私はそこでご家族がどのようなビジネスを行っているのか、そしてどのような生活を送っているのかの知見を広げたのです。

種銭をもとに投資を始めて、大学時代にはすでに1000万円以上の資産を持っており、それが日本長期信用銀行（現・SBI新生銀行）で面接を受けた時も話題になったことを覚えています。「全部自分でアルバイトしたお金をもとに、株で増やしたんです」と答えました。

そして銀行に入行した後も、私の根性や意志力は揺るぎませんでした。だからこそ、私は自信を持って言えるんですが、ゼロからでも投資を通じてお金を稼ぐことは可能です。

人生、すべて下剋上ですからね！

もちろん一部の方々は健康状態などでアルバイトをすることが難しい場合もあるかもしれませんが、そんな状況下でも、株を通じて収入を得る方法は存在します。私自身がその生きた証拠であり、そのことを皆さんに伝えたいと思っています。

それが、私がスクールを設立するにあたっての大きな動機の一つとなりました。

第2章

ウルフ村田の指導実績紹介

日本一の億トレ養成機関「株トレマスタースクール」

私の経歴や投資実績に続いて、「株トレマスタースクール」（株トレ）での指導実績もお伝えしておきましょう。

私はこれまでに1万名以上の会員に対して、勝利を収められる株式投資手法を身につけてもらいました。これは大変な数の方々が私の教えを受け入れ、自らの投資スキルを向上させてきたという証ではないかと思っています。

会員数は2017年以降から驚くほど増加していきました。なぜなら大相場が発生する時、すなわち大化け株が出現する時というのは、新たな資産家を生み出すチャンスが増えるためです。2017年という年は、特にその傾向が顕著でした。

アベノミクスの最後の年とされる2018年には、日経平均は陰線(始値の価格より終値が低いこと)を引きました。

しかし、その前の年である2017年には、「テンバガー」と呼ばれる10倍以上の利益をもたらす銘柄が次々と現れたのです。

実際にGoogle検索で「2017年　テンバガー」と検索してみてください。あらゆる銘柄が高騰してきた事実を見つけることができるでしょう。

この大きな市場の動きにより、多くの方々が「これならば稼げる!」と感じ、利益を確実なものとしたいために私のスクールに参加することを決断したのだと思います。その結果、会員数が飛躍的に増加したのです。

このような市場の状況が私の教育活動における実績を支え、成果をもたらしたと言えるでしょう。

なぜ株トレマスタースクールは結果が出るのか

株トレは、私から直接株式投資を教わることができる唯一のスクールです。初心者から経験者まで、オンラインで学べる学習プログラムを提供しています。全国どこからでもアクセス可能な会員専用サイトを活用し、自分の時間の都合の良い時に学ぶことが可能です。さらに回数無制限のメールサポートがあるため、わからない点や悩みをすぐに解消し、投資のスキルを着実に高めることができます。

そして会員限定のシークレットセミナーを開催したり、講師との懇親会に参加できたりします。これにより、業界のプロフェッショナルから直接学ぶことができ、他のメンバーとのネットワークを広げる貴重な機会を得られます。

それでは、なぜ株トレに参加すると投資で結果を出せるようになるのでしょうか。その理由を2つ解説します。

【理由1】 誰でも億の資産を達成できる方法を提供しているため

勝ち組トレーダーになるために必要なことは**「勝てる戦いでちゃんと勝つこと」**です。しかし見込みのある勝負でも利益を逃してしまう人もいるんですよね。

勝つべき時に勝てない人は、余計なトレードをしていたり、買う必要のない銘柄を買ってしまったりと、さまざまな理由があります。

私のスクールでは、億の資産を築くための方法を提示しているので、やるべきことをやるだけです。ここではそのポイントを3つ紹介しましょう。

●ポイント1 とにかくシンプルなトレード手法

私のスクールではシンプルなトレード手法を徹底的に教えているため、初心者でもトレーニングすれば誰でも簡単に勝ち組トレーダーになれます。

よく株式投資やＦＸなどを教えるスクールでは、チャートの形から値動きを予測する「テクニカル分析」や、会社の業績から今後の価格を予測する「ファンダメンタルズ分析」について深い理解を求められがちです。それに対して私のスクールでは複雑な手法を用いずとも利益を出すことができます。

なぜシンプルなトレードだけで勝てるのかというと、**一方向に値動きする可能性の高い銘柄に絞っているためです。**こうした銘柄は保有すること自体に価値があり、持ち続けることで長期的な利益が期待できます。

もちろん途中で価格が一時的に下落するケースもありますが、最終的には大きな利益を生む可能性を秘めています。

このような特性を持つ銘柄は、ややこしい分析手法を必要とせず、誰でも利益を出すことが可能です。私はシンプルな銘柄をシンプルな手法で取引するのが得意で、チャートが複雑な銘柄は一切取引しないという主義を持っています。このアプローチであれば、頭が良いかどうか、学歴が高いかどうかといった特性に関係なく、誰でも成功することが可能だと信じています。

●ポイント2　成長性の高い株にフォーカス

成長性の高い小型企業をターゲットに先回り投資するトレードが中心になります。成長性が期待できれば、今後の株価上昇を望めます。

特にアベノミクスの初期から現在までを考えると、例として挙げられるのがケネディクスとアイフルの二銘柄です。これらの銘柄には大きな資金が注がれ、一気に価格が上昇したことで注目を集めました。

具体的には、ケネディクスは2012年の12月に、赤字だった企業が黒字化すると発表され、そのニュースから勢いをつけて株価が急上昇し、その結果1万円が一気に8万円まで跳ね上がるようなことが起きました。これは単に基本的な財務状況が良い、あるいはテクニカル分析が良いというだけではありません。むしろ、「誰かがこの銘柄を大きく伸ばそうとしている」という流れがあったのです。

アイフルもまた同じような状況でした。この企業は過払い金問題によって経営が危機的な状況に陥っていましたが、その問題が解決した時点で大きな資金が流れ込み、大きな相場が生まれました。

私のスクールでは、こうした大きな投資のチャンスをしっかり見抜けるように指導します。**私の投資哲学は「千載一遇のチャンスを決して逃さない」こと。**これは学歴や職歴に関係なく、どんな状況でもチャンスを逃さないという姿勢であり、そうすることで、誰でも億単位の資産を達成することが可能になるのです。

この考え方は、投資だけでなく人生全般に言えますよね。適切なタイミングで適切な行動をとることが重要であり、そのためには情報を適切に理解し、分析し、行動に移す能力が求められます。これらのスキルを身につけることで、あなたも億単位の資産を達成できるようになってください。

●ポイント3　運用資金の大小は結果に影響ない

「私、投資に回せるお金が全然ないんですけど…」っていう人、結構多いんですよね。だけど運用資金は少なくても大丈夫です。むしろ、株式投資は資金が少ないほうが有利で、大きいと不便なケースもあります。

例えば、この本を書いている2023年6月時点で、カバー社（VTuber関連の企業）の株式の1日の売買代金が178億円で、グローバルセキュリティエキスパートの1日の売買代金は50億円という規模です。それに対して私や、私の友人の運用資金は何千億という単位なので、市場規模が100億円程度のものにはまとまった資産を入れることができず、投資しにくいと感じてしまうのです。株式銘柄は取引できる金額に限りがあって、1日の売買代金の3分の1を超えると証券会社から注意されるんですね。

一方で100万円程度の投資資金しかない個人投資家の場合、リスクはありますが全資産を一つの銘柄に投じるような戦略を取ることも可能です。

そして私が教えている手法は、資産が大きかろうが少なかろうが、やることは同じ。だから最初の投資資金が少なくても、時間をかけてどんどん増やせるんです。

合計資産額が少ないからって、落ち込む必要はありません。

【理由2】 株式市場で戦う力を鍛えられるため

株式市場で戦うために必要な力はたくさんあります。先ほど伝えたような頭の回転もそうですし、メンタルや情報収集力も求められるでしょう。こうした力も、投資を続けながら身につけていってください。

スクールで伝えている「戦う力」は、主に**「銘柄を見極める力」**と**「売買するタイミングを判断する力」**の2つです。それぞれ見ていきましょう。

1. ターゲットにする株式の目利きを鍛える

1つ目は**「銘柄を見極める力」**を付けること。すなわちあなたが大きな利益を得るために、どの株式を買うべきなのかの目利きを鍛えることです。

そもそも株式というものは世の中に数多く出回っています。株式市場は絶え間ない活気に満ちていて、個人投資家から大手機関投資家までが参加し、さまざまな企業の株式を売買しています。これらの株式は世界各地の企業が発行しており、各企業の事業成績や将来性を示すものとなっています。

そして世界の主要な株式市場には、何万もの企業が上場しています。例えばアメリカのニューヨーク証券取引所（ＮＹＳＥ）とＮＡＳＤＡＱだけでも、合わせて約６０００以上の企業が上場していますし、日本の東京証券取引所にも３８００社以上の企業が上場しています。これらの市場以外にも、世界中で多くの企業が地元の証券取引所に上場しています。

株式の総数は数百万に及び、新しい企業が市場に参入する度に、さらに増えていきます。

これほど多くの銘柄が存在する中で、利益を出せる銘柄を見つけるのは一筋縄ではいきません。市場は常に変化していて、企業の業績や経済状況、政治的な要因など、株価に影響を及ぼす要素は多岐にわたります。これらの要素をすべて把握しながら、正確な投資判断を下すのは至難の業です。

しかし、難しいと感じるかもしれませんが、それは不可能なことではありません。練習すれば、だんだんと市場の動きを理解し、利益を上げる銘柄を見つける力がついてきます。私のスクールでは、そうした銘柄選定をするためのスキルの習得が可能であることが強みです。

2. 売買タイミングの判断力を鍛える

2つ目は「**売買するタイミングを判断する力**」です。

株式投資の成功は、適切なタイミングでのエントリーと売却が鍵となります。では、なぜどのタイミングで買うべきかを判断するのが大切なのでしょうか。

その理由は、株価が時々刻々と変動し、エントリー時点での株価が投資のリターンに大きな影響を及ぼすからです。

なお、株式投資で利益を得る仕組みは第3章、具体的な売買タイミングの見極め方については第4章で解説していますので、そこで基本を押さえるようにしましょう。

株価に影響を与える要因はさまざまで、経済のサイクルや企業の業績、市場のセンチメントなどがあります。私たちはこれらを考慮しながら賢明な投資判断を下さなくてはなりません。

そして株式投資においては「買って終わり」にするのではなく、売り方を知ることも非常に大切です。株を保有して売らないで持ち続けていては意味がありません。利益を得るためには、適切なタイミングで売却する必要があります。

とはいえ売るタイミングを見計らうのも容易なことではありません。買う時と同様に、市場には不確実性があって、常に株価が動いているためです。

さらに厄介なことは、株式投資には「人間の感情」が絡んでくる点でしょう。例えば「もっと利益が出るかもしれない！」という期待から、株価が頂点に達しているにもかかわらず売らないで待ってしまったり、逆に「これ以上値上がりしないかもしれない」という不安から、まだ上昇の余地があるにもかかわらず早まって売ってしまうことがよくあります。

これらの感情は、投資判断を曇らせ、最適なタイミングを逸してしまう原因となります。完璧なタイミングをつかむのは難しいかもしれませんが、客観的なデータに基づいて、計画的に行動することが重要です。

そのためあなたが資産を築くには、タイミングを見計らって売買しなければならないのです。

第3章

そもそも
株式投資とは？

株式投資の概要

第3章からは、本格的に株式投資について学んでいきます。

株式投資と聞いてなんだか怖いものだと感じる人は多いと思います。しかし株式の仕組みや、株式投資についてより詳しく知ることができれば怖いイメージも払しょくできます。

まずは株式の基本的な概念と株式投資の概要について解説します。

↓株式の役割は資金を集めること

そもそも「株式」って何でしょうね？　そこから考えてみましょう。

株式とは、株式会社が発行する証券であり、事業を行うために必要な資金を集める手段のひとつです。

例えばある起業家が会社を立ち上げることを決めたと仮定します。その起業家は事業のために多額の資金を準備する必要があります。なぜなら店舗や事務所、備品や人を雇うなどにお金がいるからです。

しかしすべての資金を個人で賄うのは大変だし、限られた資金で大きな事業を行うにも限度があります。さて、どうしましょうか？

そこで起業家は株式を発行し、その株式を購入した投資家から資金を調達することで事業資金を賄います。

株式の発行は毎年何兆円もの売上を出している企業でさえ行っています。例えば日本を代表するトヨタ自動車株式会社は約163億株を発行、約81万人の株主がいます。また、ソニーグループ株式会社は約12億株を発行し、約40万人の株主がいます（2022年3月31日現在）。

このように株式は企業が資金を調達する上で重要な役割があるのです。

↓株式を買う人が増えれば、その分だけ企業にお金が集まる理由

一般的に株式会社の事業が大きくなればなるほど、多くの運転資金が必要になってきます。なぜなら、新たに工場を建設したり優秀な人材を好待遇で採用したりして、利益が得やすい事業環境を構築する必要が出てくるからです。

そこで、株式会社は追加の株式を発行し、多くの投資家に株主になってもらうことで資本金を厚くします。

株式会社の資本金が厚いことには2つのメリットがあります。1つ目は資本金を事業の運転資金に使えることです。新たに発行した株式を高値で買い取ってくれる投資家がいればいるほど、運転資金が豊富に集まります。

2つ目は資本金が厚くなれば企業の信用度が増し、銀行からの借り入れや社債の発行で現金が入手しやすくなること。

以上のことから、発行した株式に出資してくれる（買ってくれる）投資家が多いほど事業資金が調達しやすくなるのです。

これまでの説明で、**「豊富な事業資金を獲得すれば、企業は利益の出やすい条件が整う」**ということが分かったと思います。この株式会社が稼いだ利益は株主に還元されますが、この利益還元については後で詳しく説明しますね。

↓私たちはどうやって株で利益を得るのか

さて、私たち投資家は株式でどうやって利益を生むのでしょうか? これはみんな気になるところですよね。

結論からお伝えすると**「安く買って高く売る」**ことで利益を得ます。そして、そのためには株価が変動するからくりを理解する必要があります。

例えば、ある投資家Aさんが一株1000円の株を保有していたとします。そこに新たに株主になりたいと考えた別の投資家Bさんが現れます。

投資家Aさんは保有している株式会社の将来性に期待をしていたものの、成長には時間がかかるのではと考えていました。一方、投資家Bさんはその株式会社が商品を展開している市場が大きく伸びる、またはその企業が画期的な開発を成功させた、などの情報を入手し、近い将来会社の業績が伸びることを確信し、高値でも取得する価値があると考えていたとします。

投資家Bさんは買いたい株の価格として1500円を提示しました。投資家Aさんは提示されたその価格で売るか保有するか考えましたが、保有し続けることにしました。しかしもし投資家Bさんが値段を2000円に上げてきたらどうでしょうか。

結局、投資家Aさんは提示された価格に魅力を感じ、売ることにしました。

投資家AさんとBさんの間で売り買いの合意がなされた結果、株価が1000円から2000円に上がりました。

このように株の情報や将来性に対する判断が投資家ごとに異なることで、株価が変化するのです。最終的に投資家Aさんは、上げ幅1000円分の利益を得ることができました。

↓「信用取引の空売り」って何？

株で利益を得るためには安く買って高く売ることが基本。ですが、その反対の行動を取って利益を得る方法もあります。それが**「信用取引の空売り」**です。

「信用取引の空売り」とは、投資家が一定の保証金を証券会社に担保として預け、代わりに証券を借りて売買を行う手法で、借りた株の「売り」から始める取引のことを言います。

最初に売った株の価格が下落すると、投資家はその株を買い戻すことで、利益を得ることができます。**つまり「高く売って、安く買う」**ことができるのです。

この取引は長期投資のスタンスで挑むと利益を上げやすいのですが、投資に関する極めて高度な知識と相場分析技術が必要ですので、初心者は安易に手出しをしない方がよいでしょう。

↓株式投資を始めるには証券会社を利用しよう

株式について大まかに理解したところで、いよいよ株式投資を始めるための手順について解説します。

まず株式の売買が行われる場所は証券取引所です。日本の証券取引所は、東京証券取引所（東証）、名古屋証券取引所（名証）、福岡証券取引所（福証）、札幌証券取引所（札証）の４つです。海外では、ニューヨーク証券取引所、ロンドン証券取引所が有名ですね。

といっても、残念ながら個人投資家が上記の証券取引所に出向いても株を購入することができません。なぜなら証券取引所は上場を希望する企業の審査承認や、株の売買が適正かどうかをチェックすることが主な役割だからです。

もう一つ、証券取引所には重要な役割があります。それは、証券取引所とオンラインで繋がることを希望する民間の証券会社を審査承認することです。証券会社は個人から株式の注文を取り次ぐことができます。つまり、個人投資家が株の売買を行いたい場合は、証券取引所が認めた証券会社を通じて注文を出すのです。

では、証券会社を通じて株式の注文を行うにはどうすればいいのでしょうか。詳しく解説します。

まずどこか証券会社を決めて、その証券会社の口座を開設することです。ただ初心者はどこの証券会社の口座を作ればいいか迷いますよね。

選ぶ基準は、大きく分けて2つあります。それは実店舗を構えた大手か、ネット専用かです。大手で有名な証券会社は野村證券、大和証券などがあり、ネット専用証券はSBI証券、楽天証券などがあります。売買手数料の体系や対応できる注文方法など様々なのでご自身で調べて好みで選ぶとよいでしょう。

証券会社が決まれば、口座の開設手続きが必要です。店舗に出向かなくても、最近はインターネットやスマホだけで完結するので便利になりました。申し込みには、マイナンバーや身分証明書、入出金用の銀行口座番号などが必要です。

所定の審査がありますが、無事に通過すると口座が開設されます。予め登録した銀行口座などから証券会社の口座に入金を行えば株の購入が可能になります。

↓株式投資を通して何が得られる?

株式投資で得られるメリットは4つあります。1つ目は売買益、2つ目は経済活動に関する知識、3つ目は個別企業の財務知識、4つ目は仲間です。それぞれ解説していきますね。

1つ目は言うまでもなく、売買益です。

安く買って上手く高値で売りぬくことができれば、売買益が得られます。

その他に配当収益を得ることも可能。配当収益とは、企業が1年の事業活動を終えて利益が発生した時、その利益の一部として還元されるお金のことです。

日本の上場企業の配当収益の利回り平均はおよそ2%(2023年度)。つまり100万円相当の株を保有していると、年2万円(税別)の配当金が貰えます。銀行に預金するよりずっと高利率ですね。

さらに所定の条件を満たした株主は株主優待制度という特典が得られます。株主優待制度とは、株式会社がその企業の株主へのサービスとして、企業が販売している商品詰め合わせセットなどを配る制度です。例えば、日清食品ホールディングスの株主優待は、カップラーメンやお菓子の詰め合わせです。何か嬉しいですね。

2つ目は株価に影響する経済活動の知識がつくことです。

経済活動とは、円安や失業率、インフレなどが経済圏全体に影響する動きのこと。例えば、円安になれば国内だけで展開している企業よりグローバルにビジネスを行っている企業の方が利益が出やすくなります。

武田薬品工業、キヤノンなどが円安で業績が高まる典型的なグローバル企業です。

また米中貿易戦争やウクライナ危機が経済や個別企業に与える影響など、投資家として世界情勢の関心も高まりますし、知識も習得できるのです。

3つ目は個別企業の財務知識です。

企業の健全性や成長性を表す数字は売上と利益だけではありません。資本金の額や負債の額、営業活動で得られた現金（キャッシュ）がどのように流れているかなど様々な要因が影響しています。上場企業の場合、このような数字は年4回「決算短信」という報告書で公開されます。この報告書に書かれている数字をチェックするのはとても重要です。

4つ目は株式投資を行っている仲間ができることです。

ネットやSNSで投資に関する発信をしていたり、サロンを運営していたりする人と繋がって情報を交換することは刺激にもなりますし、自信をもって株式投資を続けるためにとても大切な要素です。

株式市場の仕組み

市場とは、もともと物々交換の場として人々の生活に必要なものを調達する場所のことを指していました。例えば江戸時代に日本橋のたもとで漁師が魚をならべ、様々な生活に必要な物と魚を交換していました（魚河岸、今の豊洲市場の元祖）。

貨幣が発達した近世では物とお金を交換する所に変わりましたが、いずれにせよ市場は人々が必要な物を買い求める場所と定義できます。

株式市場も同じ考えが当てはまり、株式を求める投資家は株式市場で取引できます。現在ではわざわざ取引所に足を運ばなくてもインターネットで情報が繋がっていますので、投資家はパソコンなどを操作して上場している株式を購入できるのです。

先ほど日本の証券取引所は4箇所あると説明しましたが、「株式市場」とは、各証券取引所が運用している株を売買する所のことをいいます。証券取引所ごとに異なる市場を運用しているので、表にまとめました。

私たちはこの中から、自分の資産を何倍にも増やせる銘柄を探す必要があるんですね。たくさんあり過ぎてウンザリする人もいるかもしれないですが、良い銘柄を見つける方法については、第4章でお伝えしますので、安心してくださいね。

証券取引所名	市場	上場企業数
東京証券取引所	プライム、スタンダード、グロース、TOKYO PRO Market	プライム 1,835社 スタンダード 1,443社 グロース 529社 TOKYO PRO Market 75社 （2023年5月）
名古屋証券取引所	プレミア、メイン、ネクスト	プレミア 177社 メイン 83社 ネクスト 16社 （2023年5月）
福岡証券取引所	本則市場	90社 （2023年4月）
札幌証券取引所	本則市場	9社 （2023年4月）

↓なぜ株価は変わるのか

株式投資は株価の変化を利用して儲けを得ることを解説しました。しかし、初心者にとってそもそも株式の値段が日々刻々と変化する（秒単位で変化することもあり）ことを不思議に感じる人も多いのではないでしょうか。

なぜ株価が変化するのか、卵の価格を例に解説します。

2023年に入ってから、スーパーなどで売られる卵の価格が急上昇しましたよね。この原因は、世界中で蔓延した鳥インフルエンザでした。悲しいことに鳥インフルエンザに感染した養鶏場の鶏は処分するしかないので、市場に出回る卵は、急激に少なくなりました。卵を求める人の数はほぼ一定ですので、スーパーなどの小売りでは価格を高めに設定せざるを得ませんでした。ですが、鳥インフルエンザが収束し通常に戻れば、卵の流通量も回復し、価格も徐々に下がっていくことが期待されます。

このように市場に出回る卵の量が多かったり少なかったりすることで、卵の価格が変わるのです。

このことを株価の変動に当てはめてみましょう。

例えば、ある製薬会社がどんな癌も飲むだけで治す薬の開発に成功したとします。その薬の製造にはとても高度な技術が必要なので他の製薬会社はマネすることができません。この場合、その製薬会社の成長はほぼ確実ですので、多くの投資家がその企業の株に買い注文を出します。

しかし、市場に出回っている株の量は変わりません。そのため先ほどの卵の例で説明したようなことが起こり、株価がどんどん吊り上がるのです。

こうした「技術開発」は株価に影響を与えますが、株の価格には様々な要因、例えば原料や商品のマーケット環境、競合の動き、投資効果、新規株式発行、財務状況などでも変化します。

そしてこれらの要因が複雑かつ複合的に影響し合うことで、市場で売買される株価が目まぐるしく動くのです。

私たち投資家が勝ち抜くためには、常に情報のアンテナを張っておく必要があります。

すべての投資家が見ているチャートについて

ここまで株価が刻々と変化する理由について解説しました。ここからは株価の動きを可視化する「チャート」について、その基本とそこからわかる情報、そしてどのように株式投資に利用するかを解説します。

チャートとは日々変化する株価をグラフ化し、投資家がわかりやすいように表したものです。株価が過去にどのように変化してきたかが把握できるだけではなく、将来の株価の動き（トレンド）を予測できます。従ってチャートのパターンを理解することは株式投資を行う投資家にとって極めて重要なスキルになるのです。

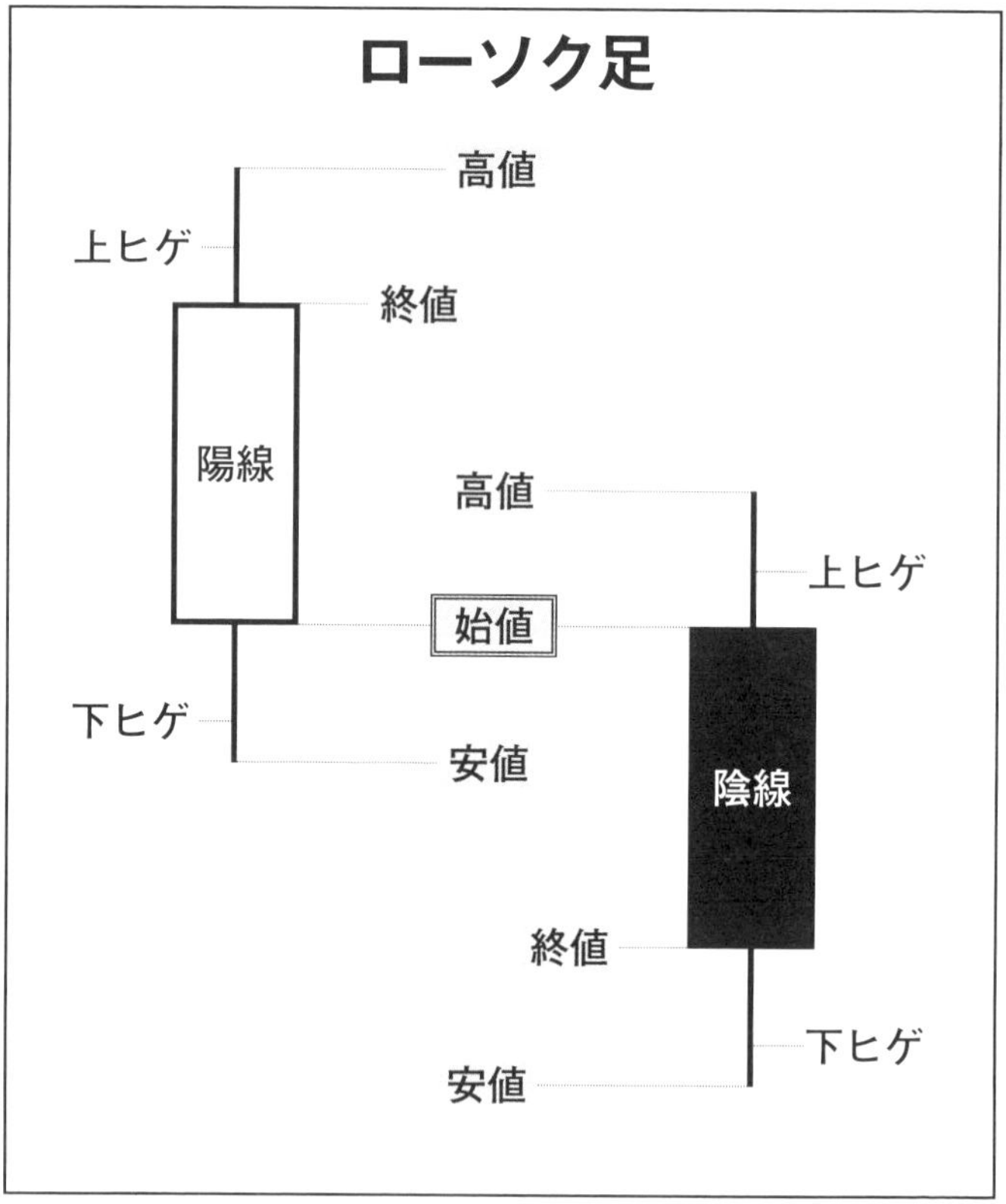

株式投資におけるチャートと言えば、ローソク足です。

初心者でも白と黒（青と赤などの場合もあり）の棒との間に伸びる細い線で描かれたチャートを見たことのある人は多いのではないでしょうか。この棒と線の意味がわかると、株の値段の動きが視覚的に理解できます。

例えば、1日の株価が900円で始まり1000

円まで上昇、途中800円まで下がったものの、最終的に950円で取引が終わったとします。

この場合、1日で50円株価が上がったのでローソク足は「陽線」を形成します。具体的には始値(はじめね)と終値(おわりね)の長さがある白い棒があり、上辺から1000円の所まで線が伸び、下辺から800円のところまで線が伸びたローソク足になります。

また、1日の株価が900円で始まり1000円まで上昇、途中750円まで下がったものの、最終的に800円で取引が終わったとします。

この場合、1日で100円株価が下がったのでローソク足は「陰線」になります。この場合、始値と終値の長さがある黒い棒があり、上辺から1000円の所まで線が伸び、下辺から750円のところまで線が伸びたローソク足になります。

ここでは詳しく解説しませんが、このローソク足の形状のパターンによってその後の株価の動きが経験的にある程度予測できることが知られています。

代表的な2パターンのみ解説してみましょう。

まず1パターン目は大陽線と大陰線です。

大陽線と大陰線とは、それぞれ棒の上辺と下辺から長く線が伸びる形を成し、その後の株価は大きく上昇する（大陽線）か下降する（大陰線）確率が高いとされています。

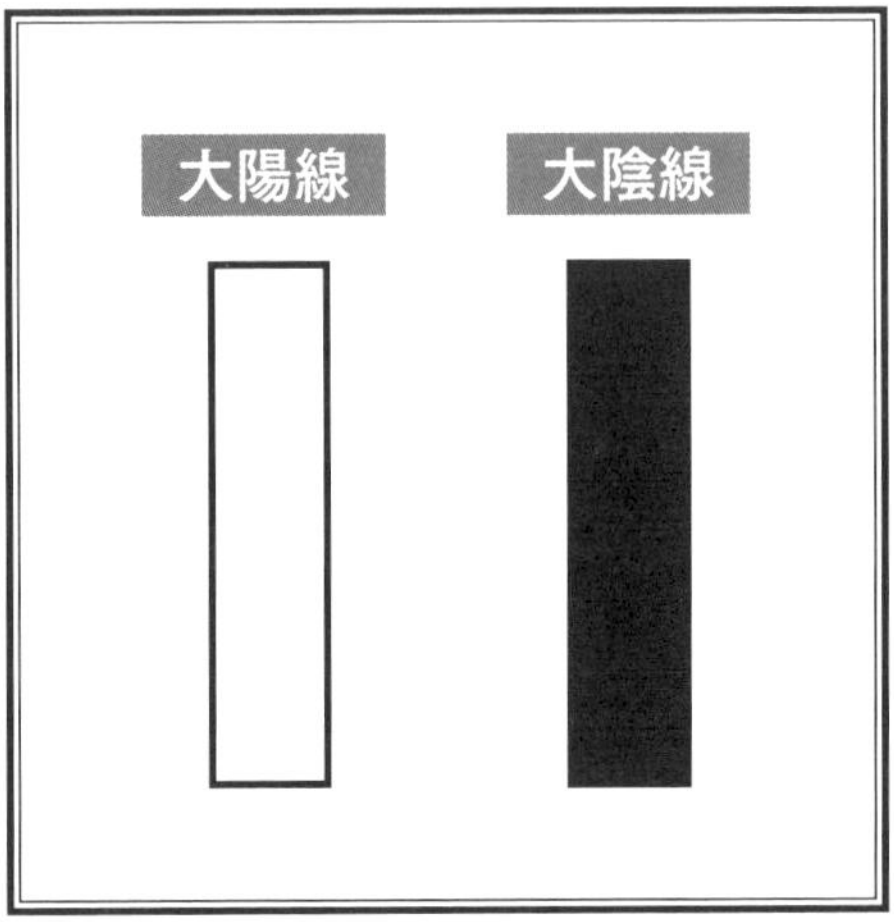

2パターン目は上影陽線と上影陰線。

これはそれぞれ棒の上辺と下辺の両方から線が伸びる形を成し、その後の株価は大きく上昇することも（上影陽線）か下降することも（上影陰線）ないとされています。

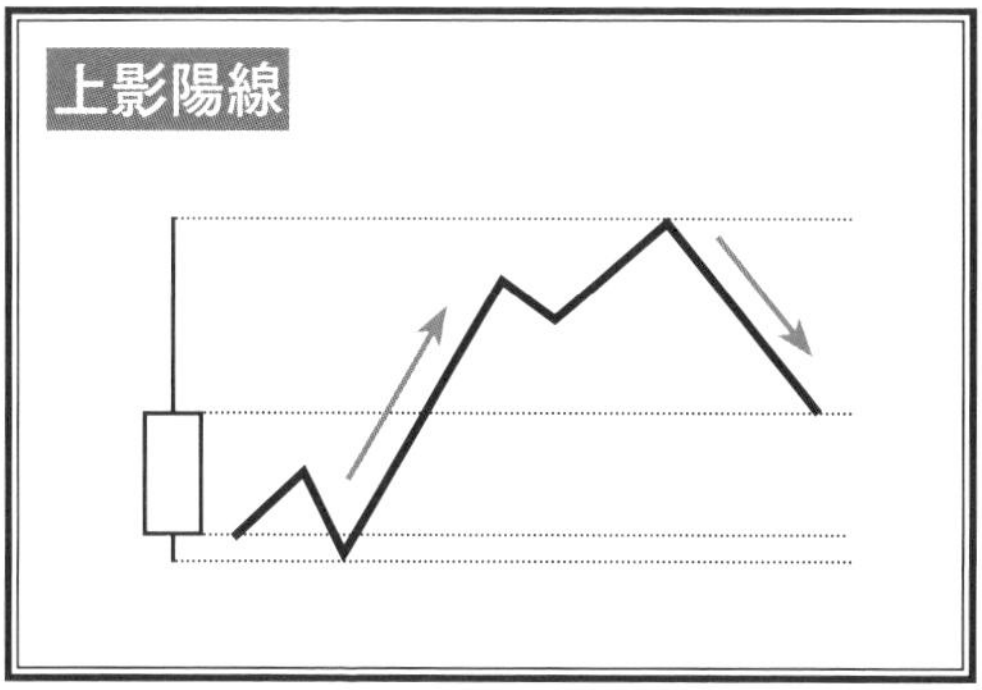

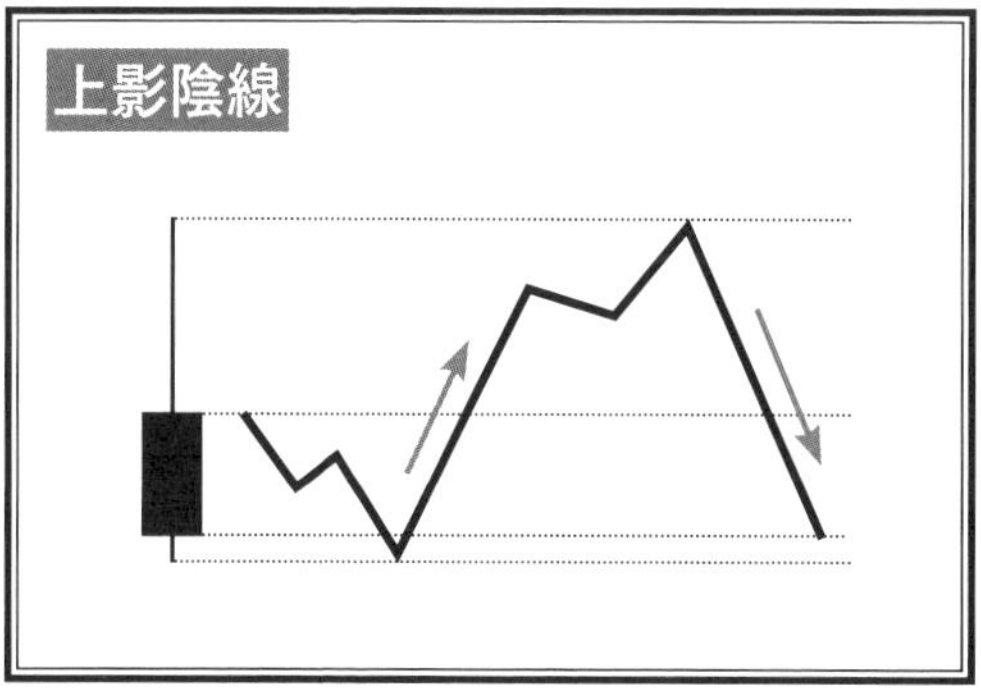

このように、1日の変化を表現したローソク足を日足といいますが、月間や年間で作成したローソク足のことを月足、年足といいます。

試しにＧｏｏｇｌｅ検索画面で「（あなたが好きな会社）チャート」と検索をかけてみましょう。検索上位にチャートが出てくるはずです。

初めは用語の意味も含めて分からないことだらけだと思いますが、稼いでいくために気合を入れて覚えましょう。

株式投資のスタンスについて

証券会社が決まって口座も開設。株価が変化する理由もなんとなく分かったところで、いよいよ次に行うことは株式の購入です。

でも自分の投資のスタンスが決まっていなければ、どんな会社の株を選んでいいか、どんなタイミングで購入をすればいいかわかりませんよね。

まず株式投資のスタンスには、大きく2つあります。**1つ目は期間のスタンス、2つ目は銘柄のスタンスです。**

1つ目の期間のスタンスとは、エントリー（株の購入）してから売るまでの時間の長さに対するスタンスで、短期、中期、長期投資があります。それぞれ数分〜1日、数日〜数ヶ月、数ヶ月〜数十年（場合により子孫に相続することも！）です。

短期のスタンスを持つ投資家の中には、短い時間で動くわずかな株価の差を利用して売り買いをたくさん繰り返し利益を得る人がいます。

また、中長期のスタンスを持つ投資家は、買った株の企業の成長をじっくり待って株価が上がった時に売りぬけます。

短期、中長期、いずれのスタンスも一長一短ありますが、ご自身の考え方や使える時間（ライフスタイル）に合ったスタンスで投資すればいいでしょう。

ただ中長期投資の方が初心者向けと言えますので、私のスクールでは、数日~数ヶ月を見て投資することを推奨しています。

期間のスタンスについてもう少し深掘りして解説します。株取引における代表的なトレードスタイルは**スキャルピング、デイトレード、スイングトレード、ポジショントレード**の4つがあります。

スキャルピングは、パソコンに張り付いて秒単位で動くわずかな株価の差を利用して売り買いをたくさん繰り返し利益を得ます。ただ、この投資スタイルは株式投資では基本的に使用しません。

デイトレードは、株価が変動しやすい取引量の多い銘柄

分類分類	トレードスタイル	ポジション期間
スキャルピング	短期スタイル	数秒～数分
デイトレード		数時間～ 1日
スイングトレード	中期スタイル	数日～数週間・数ヶ月
ポジショントレード	長期スタイル	数ヶ月～数年

で取引を行うことが多い手法で、取引所が始まる朝9時から終了する15時までの間にトレードを完結させる方法です。

翌日に株式を保有したまま持ち越さないので、相場の閉じている間に起こる突発的な出来事にも影響されず、夜は安心して眠りにつくことができます。

スイングトレードやポジショントレードは、一旦株式を仕込めば、あとは悠々と待つ投資方法です。銘柄の選択に十分な調査時間を取り、長期的な株価の値上がりに確信を得たらじっくり待つだけなので、副業や日中忙しい方向けの投資方法です。売りたい価格になるまではガマンが必要ですが、最も初心者向きの投資方法と言えます。

2つ目は銘柄のスタンスです。投資対象の企業は大きく成長株と安定株に分かれます。成長株はベンチャー企業が多く、一方で安定株とは歴史の長い大きな企業でトヨタ自動車、日本電信電話（NTT）、武田薬品工業などがあります。

IT系の企業は急激に成長する可能性があるので大きな利益を得ることもできますが、無理な成長や若い経営者の経験不足などにより、倒産リスクも大きいという特徴があります。

一方、安定株は長年の実績に支えられた安心感は抜群ですが、成長性に劣るので株価が大きく上がることはないでしょう。

株式投資の分析方法

ここから少し高度なことを解説します。それは株式の分析方法です。

株式投資で失敗しないためには分析方法を勉強することがとても重要です。なぜなら、長い株式投資の歴史の中で投資の分析方法に対するセオリーが確立しているからです。

そこで初心者が必ず知っておくべき2つの分析方法**「ファンダメンタルズ分析」**と**「テクニカル分析」**について解説します。

↓ファンダメンタルズ分析では財務・業績に注目

ファンダメンタルズ分析とは、国家や世界の経済指標、企業の財務状況や業績をもとに投資分析する方法です。

経済指標とは、地域(本社を置いているところや原料の調達元や商品を展開している地域)の景気状況を指します。景気について判断するにはGDP(国内総生産)や消費者物価指数、失業率、通貨の価値などを参考にします。

そして企業の財務状況や業績とは、**PER(株価収益率)やPBR(株価純資産倍率)、ROE(自己資本利益率)**などのことです。

例えば有名な経済指標として通貨相場があります。代表的なのは、円とドルの交換レートの動き。為替レートが円安になった場合、日本国内だけで事業を展開している企業より、海外も含めて事業展開している企業の株価の方が上がるのではないかと分析できます。

なぜなら円安になると、外国の通貨で取引された商品やサービスが円に換算された際の収益が増えるためです。

つまり、こうした経済の要因が企業業績に影響を与えるので株価も変化するのです。

以上のことから、経済指標などを企業成長とからめて株価を予想するファンダメンタルズ分析は、極めて重要な分析手法と言えます。

↓テクニカル分析ではチャートに注目

テクニカル分析とは、チャートパターンをもとに経験的にこれからの動きを予想する分析手法です。

「歴史は繰り返す」と言われるように、株価の動きも過去のパターンを繰り返す傾向がありま す。経済に関する知識や企業業績の分析方法に詳しくなくても株価の予想ができるメリットがあります。

ただ、チャートパターンに詳しくなっても実際の相場はその通りに動くとは限りません。また、テロや災害といった出来事でも価格は動きますが、こうした突発的なことにはテクニカル分析では対応できないデメリットもあるので、注意が必要です。

テクニカル分析を行うときに手がかりとするチャートパターンは多くありますが、ここでは有名な**移動平均線**と**ボリンジャーバンド**について解説します。

移動平均線とは、現在の株価と過去何日間(または何週間)の平均価格を比較する分析方法です。1日に一つの移動平均価格をプロットし、線で結べば移動平均線が描けます。

移動平均線が向かう先を見れば相場の大まかな方向性(価格の傾向や流れ)を予測することができます。例えば移動平均線が上を向いていると今後は上昇トレンドになる、逆に下を向いていると下降トレンドになることが予想できます。

特に6ヶ月移動平均線は重要です。私も売買でよく用いますし、本書でも繰り返し出てくる用語ですので、きちんと理解しておいてくださいね。

ボリンジャーバンドとは、移動平均線とその上下に統計学的に価格が触れそうなバンド(帯)を設定し、価格の触れはこの範囲に収まるであろうことを理論的に分析する手法です。

つまり、移動平均の上下に高い確率で表れるプラスの標準偏差（＋2σ《シグマ》）とマイナスの標準偏差（－2σ）を設定し、将来の価格の動きを予測します。

この移動平均株価±2σの間に収まる確率は95％以上と言われています。標準偏差とは、平均値からのバラツキの度合いを統計学的に処理した値で数値が高いほどバラツキぐあいが大きくなります。

ちなみに、ボリンジャーバンドの名前の由来は、アメリカの財務アナリスト、ジョン・ボリンジャー氏からきています。

第 4 章

ウルフ村田流
銘柄発掘術の秘密を公開

騰がる銘柄の見つけ方はいたってシンプル！
監視銘柄を見つける5つのポイント

第4章では、ウルフ村田流の銘柄発掘術の秘密を公開します。

よくある株式投資の分析方法というと、テクニカル分析のようにチャートをさまざまな角度で観察したり、ファンダメンタルズ分析のように財務諸表の細かいところまでを読み込んだりするのを想像するのではないでしょうか。

でもこういった分析方法ってとても複雑で、挫折する初心者が多いんですよね。

それに対して私が教えている方法はシンプル。

私が株式投資の初めにやることとは、**監視銘柄を見つけることです。**監視銘柄とは、投資する価値があり、なおかつベストなタイミングでエントリーするために値動きをチェックし続ける必要のある株式のことです。

それを見つけるための重要な指標として年初来高値更新、値上がり率、出来高の急増、STOP高、ティック数というのがあります。そして、各銘柄で確認すべきテーマ性、時価総額、業績変容といったポイントも整理していきます。

プロの投資家である私が実際にどのようにチャートを読み取っているのかをまとめたので、投資戦略を立てる際、非常に役立つはずです。この章を読めば、ウルフ村田流の銘柄発掘術を身につけられ、初心者でも市場で勝つ力を手に入れられるでしょう。

まずは監視銘柄を見つける5つのポイントから見ていきましょう。

↓ポイント1　年初来高値更新

「年初来高値更新」とは、その年が始まってからの株価の最高値を超えた状態のことです。1～12月を1年として、最も勢いがある銘柄を確認できます。

この指標をチェックする時に役立つのが、**年初来高値更新ランキング**です。このランキングでは、株価が上がった銘柄とその取引量を格付け形式で見ることができます。ランキングをチェックすると、人気の銘柄や、今注目を集めているテーマなどを一目で確認できます。確認する場所は、株探やＹａｈｏｏ！ファイナンスなどのウェブサイトです。ここでランキングを確認し、監視銘柄を見つけましょう。

具体的なチェック方法としては、**毎日、年初来高値更新ランキングの１位から１００位を確認すること**です。１００位までをチェックすることで、毎回ランクインしている銘柄に気づけるようになります。

また、ランキングに新しく登場した銘柄には、特に注意しましょう。その銘柄には初期投資のチャンスが潜んでいる可能性があります。値上がりの原因が業績改善か、市場の期待で動いているのかなどをチェックすることも重要です。

↓ポイント２　値上がり率、年初来安値からの値上がり率

「値上がり率」とは、前日の終値（１日の最後についた値）から、どの程度株価が上昇したのか

をパーセンテージで表したものです。

そして**「年初来安値からの値上がり率」**は、その年の最低値から、どの程度株価が上昇したかのパーセンテージを評価しています。これらの指標もランキングで確認でき、年初来安値からの値上がり率の高い銘柄が、上位にランクインします。

このランキングを利用することで、投資家は1年間で大きく価格が上昇した銘柄を一目で確認できます。これは、過去のパフォーマンスを元に未来の投資戦略を考える際、有用な情報となります。また、ランキングの中からその年のスター銘柄やテンバガーを発見できるので、重要な指標です。

具体的な銘柄選定方法を紹介します。上位トップ10はすでに上昇した銘柄のため、注目すべきは下位200位までです。中でも徐々に順位が上昇していたり、株価がキレイな線を描いて右肩上がりになっていたりする銘柄が狙い目です。週に1度は必ずこの値上がり率ランキングを確認して、候補銘柄を探しましょう。

値上がり率ランキングについては、Ｙａｈｏｏ!ファイナンスで確認できます。全市場レベル

値上がり率ランキング

【値上がり率】前日の終値に対する当日の株価の値上がり幅を表したもの

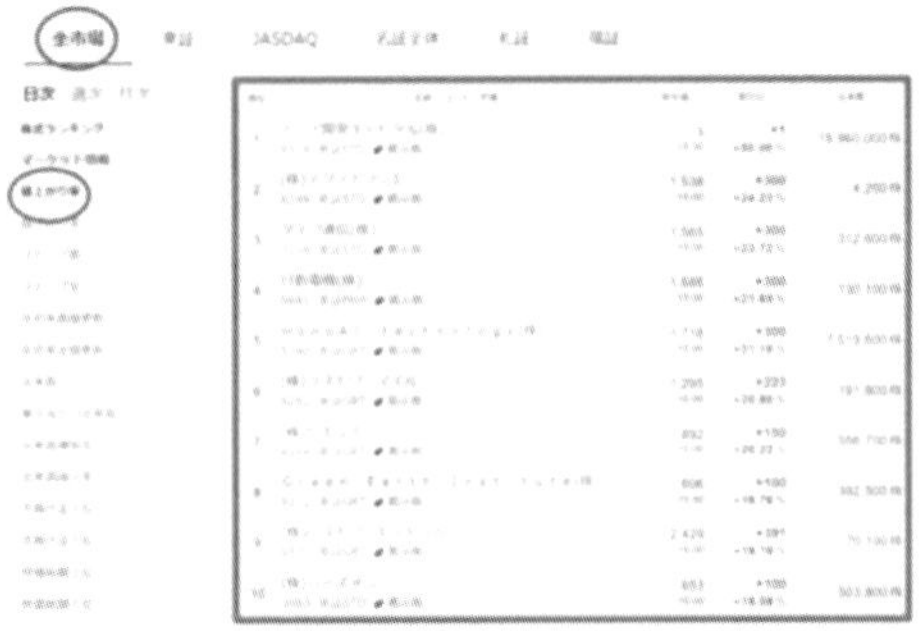

自分で、週次・月次のランキングを画像等で保管して推移を確認すると良い。

左上の「全市場」で値上がり率ランキングを確認する

（引用：Yahoo!ファイナンスの「年初来安値更新」）

でランキングを確認することで（上の図の通りに）、現在のトレンドの銘柄や、テーマ等を調査できます。ランキングは、週次、月次のデータごとに保管しましょう。

↓ポイント3 出来高の急増

「出来高」とは、株式市場において一定期間内に取引が成立した株数のことを指します。例えば、1日に同一の銘柄について100株の取引が5回成立すると、その日の出来高は500株となります。

出来高が大きい場合、「その銘柄に関して活発な取引が行われている」と判断できるので、銘柄の人気や注目度を表す指標になります。

ただし、出来高が多いからといって必ずしも株価が上昇するわけではないため、注意が必要です。出来高を確認し、市場の流動性や投資家の関心度の把握に役立てましょう。

具体的な活用方法としては、Ｙａｈｏｏ！ファイナンスなどの株式メディアのランキングで出来高が急増している銘柄を見つけましょう。

例を挙げると、キャンバス（４５７５）という銘柄は、出来高が急増した後に株価が15倍に跳ね上がりました。出来高が急上昇している銘柄は他の投資家からの注目が高まり、株価が上がりやすくなる傾向にあります。

またグローバルウェイ（３９３６）は、３ヶ月で株価が50倍にまで上昇しました。

肝心なのは、**出来高が急増した銘柄を監視して大きな相場変動のタイミングを捉えること**です。

これまで資産形成に成功しなかった人でも、出来高が急増している銘柄を見つけて短期間で大きな利益を得た例もあります。

↓ポイント4 STOP高

「STOP高」とは、1日の間に株価が一定の上昇率に達したときに使われる言葉です。

株式市場では、株価の急激な変動が原因で投資家に大きな損害を与えないように、前日終値からの上下落を一定限度内に抑える「制限値幅制度」があります。この制限まで株価が上昇した場合、STOP高となります。STOP高になった場合、それ以上の値段での売買が1日中制限されます。

STOP高は、初動に気付くための見極めポイントとして役立ちます。STOP高が発生すると、その銘柄に対する強い投資意欲が市場にあるとわかりますので、STOP高になった銘柄は、監視対象としてチェックしましょう。ただし、STOP高が発生したからといって、その銘柄の株価がこれからも上昇し続けるとは限らないため注意が必要です。投資する際には、他のポイントと合わせて市場の動向をしっかりと把握しましょう。

STOP高の具体例としては、3936のグローバルウェイです。

出来高がほぼゼロの状態からSTOP高となっていて、出来高も急増しているのが確認できま

STOP高の例

3936　グローバルウェイ　日足

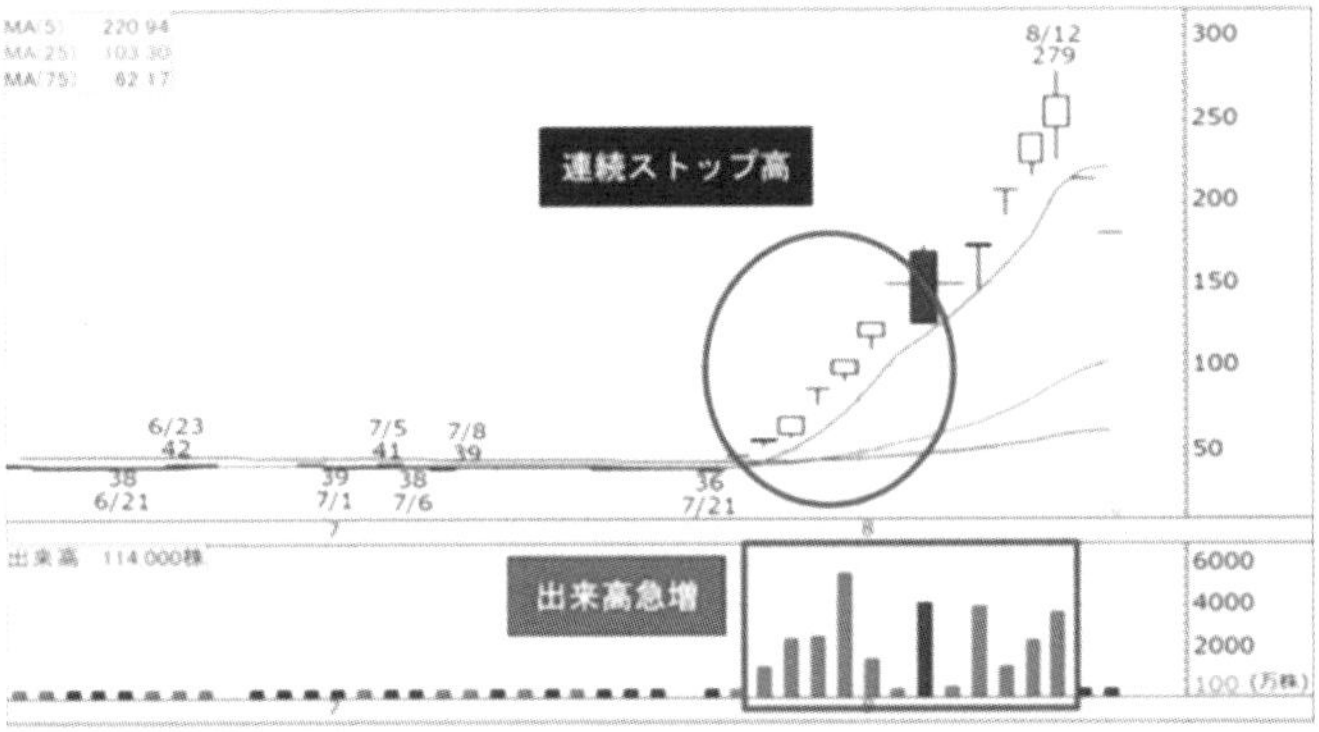

すね（図を参照）。出来高急増ランキングの上位にも表示されるようになり、急上昇する前触れを発見できます。

ここで監視銘柄としてチェックをして、押し目買いを狙ったり、「高値ブレイク」といわれる前回の高値を超えたタイミングで買ったりなど、いろいろな戦略があります。

このようにSTOP高となったり出来高が急増したりするのは、市場からの重要なサインです。毎日、チェックして銘柄選定に役立てましょう。

↓ポイント5 ティック数

「ティック数」は、売買が成立した回数を表します。ティック回数ランキングの上位に選ばれた銘柄は注目されて値が動きやすくなりますので、取引の頻度や値動きの活発さを示す一つの指標となります。

高いティック数は活発な取引を示し、低いティック数はそうでないことを示します。ティック数を理解することは、市場の動向を読む上で重要な要素となります。

具体的なティック数の活用方法として、市場の活況度を知るために役立てることができます。売買回数が少ない取引は成立しにくいことを意味するので、流動性リスク（売買回数が減り、取引が成立しづらくなるリスク）を確認することもできます。

全市場の売買回数ランキングも確認してみましょう。上位の銘柄ほど売買が活発にされており、市場の参加者の注目度が非常に高いと考えられます。

ランキング上位の銘柄は、投資家からの注目度が高く売買が活発になっているので、デイトレードの対象としてチェックすることもできます。

各銘柄で確認するべき3つのポイント

監視銘柄を見つけられたら、次はその銘柄が投資するに値するか、もう少し考えてみましょう。

そのための基準を3つお伝えします。

↓基準1　テーマ性

株式投資における「テーマ性」とは、特定のトレンドや話題に関連する銘柄を一つのまとまり（テーマ）として考えることです。

例えば、「AI」や「医療」、「水素」、「EV（電気自動車）」など、社会や経済の流れで注目される分類が、テーマとして認識されます。このようなテーマに関連する企業は、社会的な関心や政策の影響で株価が上昇しやすい傾向にあります。

過去にも「インバウンド」や「円安」、「半導体」、「IPO」、「ゲーム」などのテーマが話題となりました。注目されているテーマには、大きな経済ニュースや業界の動向などが反映されています。そのため、株価に大きな影響を与える可能性がある要素です。同じテーマに関連する企業の株式が複数上昇していると、その関連銘柄が市場で注目されている可能性が高いと考えられます。

また、国策関連銘柄も要チェックです。これらの企業は政府の政策によって業績が改善され、株価が上昇することが期待されます。こういった国策関連の銘柄は、テーマ性のある企業として注目されやすいのです。

投資初心者の方も、「テーマ性」を理解することは、市場の動向を読む一助となります。具体的な銘柄の調査方法としては、「株探」など株式メディアの「人気の株式テーマ」ランキングを確認すること。中でも**「急上昇テーマ」**は一気に人気が出始めたもので、特に重要です。

テーマを特定した後は、そのテーマに関連する企業を見つけましょう。マネックス証券や株探などのサイト(画像を参照)では、テーマに関連する企業の一覧が見やすく表示されます。メディアごとに見やすく工夫されているので、自分に合ったサイトを探しましょう。

テーマ別の関連銘柄

半導体は、私たちが日常的に使っている携帯電話やパソコン、家電製品から産業機器、電車などの交通インフラなど、あらゆる電機・電子機器になくてはならない部品といえる。かつては高品質と低価格から、日本製品が世界的シェアの5割以上を占める時期もあった。その後は韓国や台湾勢の台頭などで日本勢は苦境に立ち、業界再編にもつながったが、材料から製造装置まで関連する企業はまだ多い。なお、半導体は多くの電機・電子機器の開発で早い段階から使用されるため、半導体の市況や動向が景気の先行指標となることがある。
特に2021年は年前半からの世界的な半導体不足の影響が大きく、各社は設備投資を活発化させている。関連企業も好環境を享受するものが多い。

関連銘柄

コード	銘柄名称	市場	株価	前日比	騰落率	出来高	関連度
6502	東芝	東証P	4,490.0 (15:00)	-8.0	-0.18%	1,652,900	
6723	ルネサス	東証P	2,373.5 (15:00)	-6.5	-0.27%	17,111,500	
6857	アドテスト	東証P	17,730.0 (15:00)	-260.0	-1.45%	5,631,000	
6963	ローム	東証P	12,010.0 (15:00)	-60.0	-0.50%	663,000	
8035	東エレク	東証P	19,275.0 (15:00)	-460.0	-2.33%	4,937,300	
3436	SUMCO	東証P	2,016.0 (15:00)	+5.0	+0.25%	5,883,700	
4063	信越化	東証P	4,364.0 (15:00)	+58.0	+1.35%	5,101,800	
6526	ソシオネク	東証P	17,720.0 (15:00)	-470.0	-2.58%	4,667,500	

（引用：マネックス証券）

また、選んだテーマを値上がり率順に確認するのもおすすめです。これにより、該当テーマの企業の中でも注目度が高い銘柄を見つけられます。

↓基準2 時価総額

株式投資における「時価総額」とは、その会社の株式が市場全体でどれだけの価値を持っているかを示す指標です。時価総額の計算方法は、一株当たりの株価にその会社が発行している株式の総数を掛けることで求められます。

例えば、一株当たりの株価が１００円で、その会社が発行している株式の総数が１０００万株であれば、その時価総額は10億円となります。

時価総額の計算方法の一例：
100円（一株当たりの株価）×1000万株（会社が発行している株式の総数）＝10億円（時価総額）

時価総額が大きい会社は、その分市場での影響力があります。そのため、投資家は時価総額を参考に、自分の投資戦略を立てることがあります。

例えば、大きな時価総額を持つ大企業の株には安定性を、小さな時価総額の成長企業の株には成長性を期待して投資する戦略もあります。

投資初心者でも、時価総額を理解し、投資戦略に活用することは大切です。一言で表すと、**時価総額とは「会社の株式が市場でどれだけの価値を持っているか」を示す指標**であり、投資戦略を考える際の重要資料です。

また、時価総額が低い銘柄が急騰すると、誰かが価格を操作している可能性が考えられます。

ここでお話ししたいのは、そのような市場操作の兆候をつかんだ時に生まれる、相場の大きな動きについてです。

2018年のAI関連の株の急騰を例にとります。この時、AIを活用したビッグデータ分析、アルゴリズム開発の事業を行うALBERT（3906）の株価は、昨年末の1291円から11月29日には1万6730円と約13倍に跳ね上がりました。

相場を操る人々の動きを予測することは一種の戦略であり、この視点から市場を観察することは、投資の成功に寄与します。

大手企業における急騰は例外的なケースです。

通常は時価総額が20~30億円程度の小規模な銘柄が急騰します。時価総額の小さな銘柄は、短期間で10倍の価格上昇を見せることもあります。**成長性が期待され、まだ評価されていない銘柄を見つけることが、投資成功のカギ**となります。

ただし、価格がほとんど動いていない銘柄には注意が必要です。割安に見えても、相場が動き始めるまで手を出さないのが良い戦略と言えます。

↓基準3　業績変容

「業績変容」とは、企業の業績が大きく変わることを指します。これは一般的に新しいビジネスや製品の成功、あるいは経営の改善などにより生じます。

例えば、ある企業が新たな製品を開発し、市場で大ヒットした場合、収益は大幅に増加します。このような状況を業績変容と表現します。

投資家にとって、この業績変容も非常に重要な要素です。なぜなら業績変容が生じると、株価にも大きな影響を及ぼすからです。

有価証券報告書や決算短信、会社四季報の財務諸表などから業績を判断し、成長株かどうかを確認しましょう。

株式投資における業績変容の一つの事例を紹介します。アイフルという会社が、その事例の中心です。2012年末から始まったアイフルの大きな価格変動の理由は、当時話題となった過払い金問題の解決でした。

急上昇したアイフル株

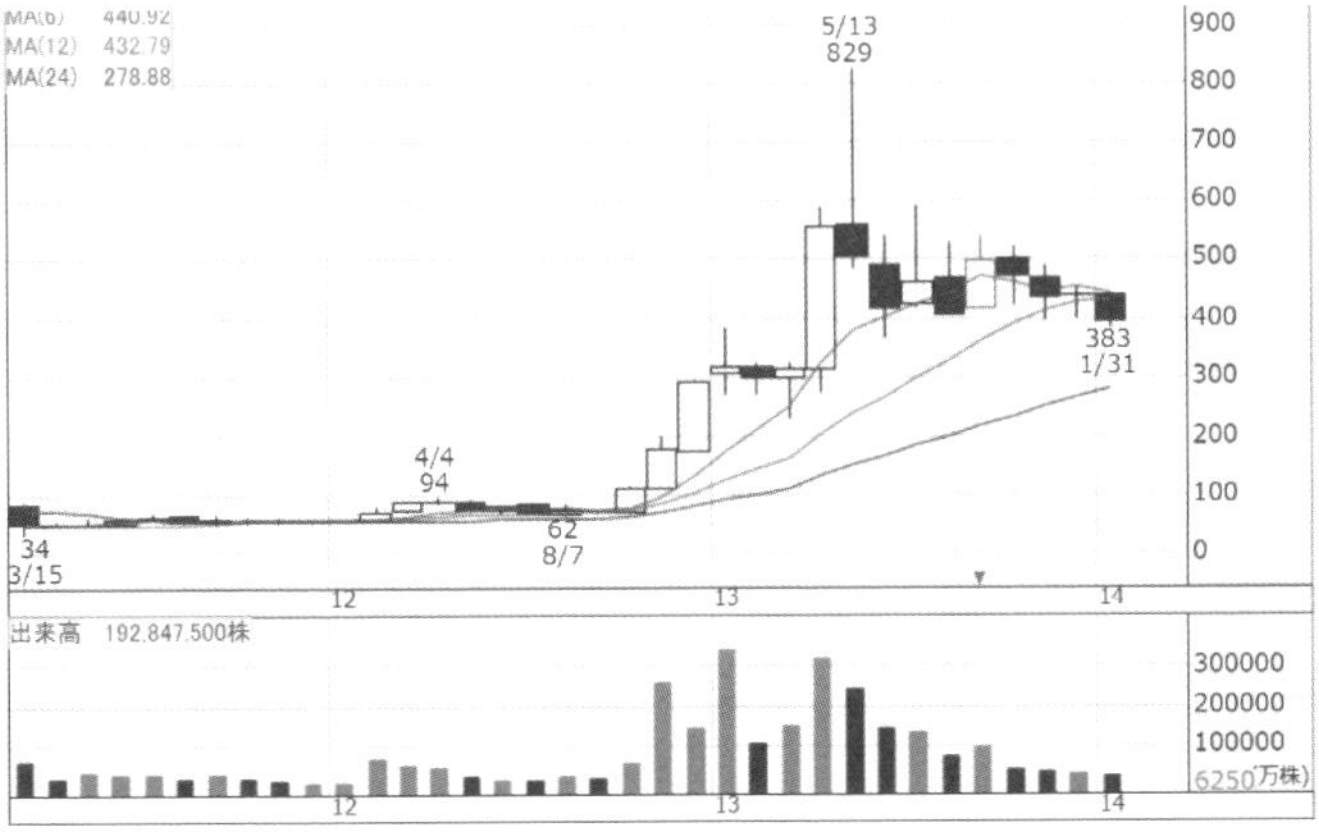

私がアイフルの値上がりを予想して買いをすすめた際の投稿

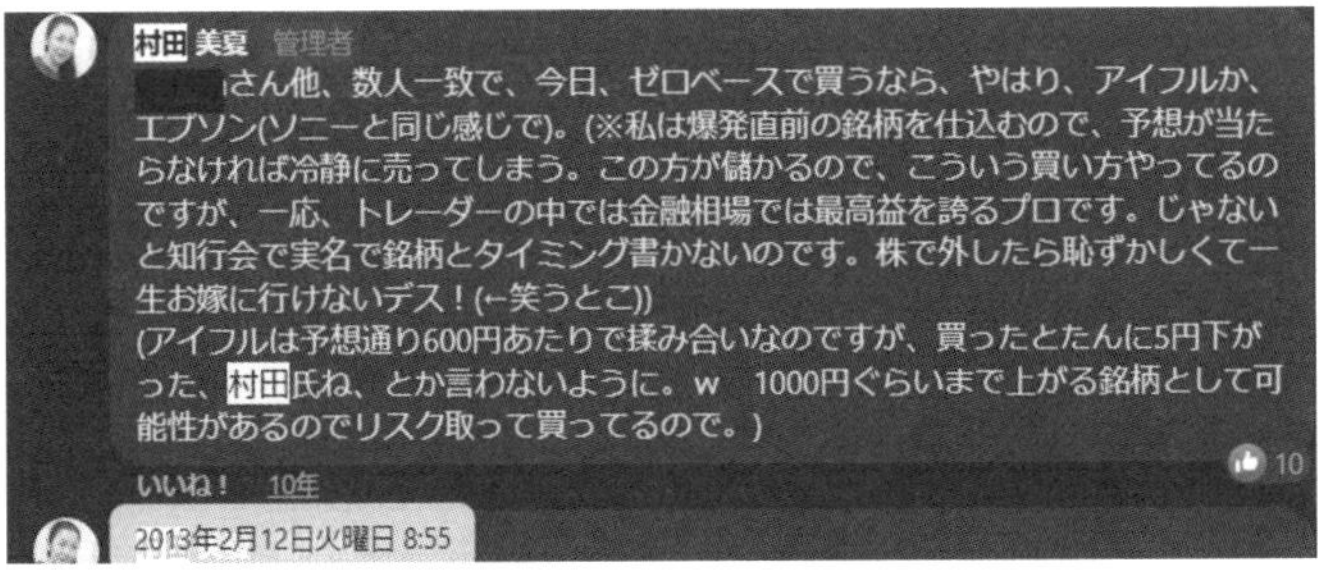

この期間、アイフルの株価は凄まじく上昇し、２０１２年10月時点では１００円を切っていましたが２０１３年5月には８００円を超えました。

値上がりする前の２月、私は投資家仲間に対してアイフルの株を買うよう呼びかけました。そして事実、アイフルの株価は急騰し、大きな利益を生み出しました。この時にどういった売買をして、どれほどの利益を得たのかは、第5章で詳しく解説しますね。

このように赤字から業績変容で株価の回復が見込まれる銘柄を狙うと、利益を大幅に増やすことも可能です。

チャートの形を見て監視銘柄を絞り込む

監視するべき銘柄をさらに厳選するために、チャートの形を見ていきましょう。

とはいえ、ここもシンプルな手法ですので安心してついてきてください。

チャートの形を見る時、私は初めに大枠を確認し、その後に細分化して理解を深めるようにしています。具体的には、気になる銘柄の年足から確認し、月足、週足と時間足を順に確認します。

これは学校の勉強にも同じことが言えますが、教科書の1ページ目から念入りに読むのではなく、初めに見出しを確認することで全体的な流れをつかめます。そこから見出しごとに詳細な情報を確認することで、要領良く理解できるのです。投資も同じだと考えてください。

また、株価チャートの動きを追う際、過去の推移を確認することが非常に重要です。過去の最高値や最低値、出来高などのデータは、今後の株価の動きを予測する手がかりになります。

そして、投資家として成功するためには、待つことの重要性を理解することも必要です。株価が大幅に上昇するまで待つことで、より大きなリターンを得られます。資産を形成できない人は、大抵早く売ってしまうことが多いんですよね。

だからあなたも株式市場では戦国武将のようなメンタルを持ち、気持ちで負けないようにしましょう。資産形成の基本は買った株を一定の利益が出るまで持ち続けること。持ち続ければ、資産は雪だるま式に増えていきます。これは、株式投資の基本的なプロセスであり、投資成功の秘訣とも言えます。

以上のことを踏まえて、チャートの形を見る際は、まず全体像を理解してから細部を確認しましょう。

具体的にどういったチャートの形が良いのか、ここでは難易度が低いものを紹介します。銘柄を絞り込む時に役立ててください。

↓パターン1　なべ底チャート

なべ底チャートとは、株価が一定期間下落した後、しばらく底値圏で小さな値動きが続

なべ底チャートの例

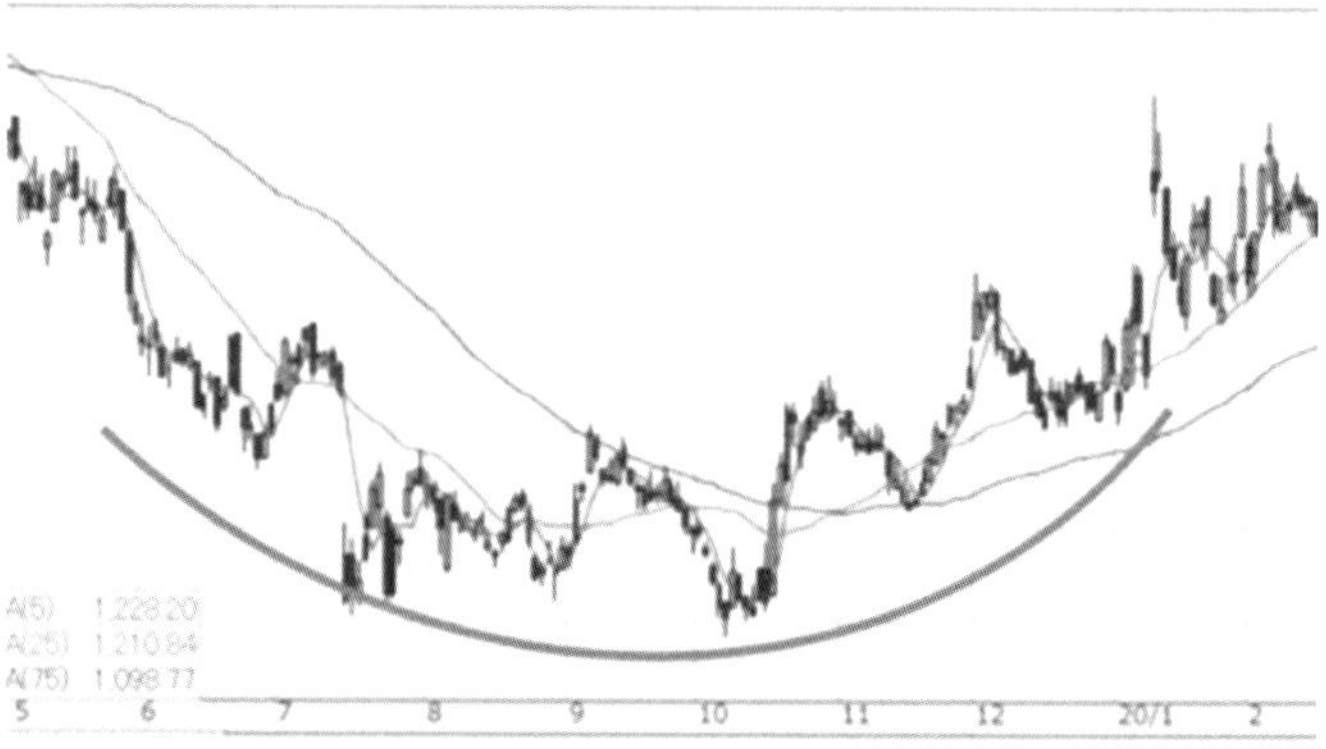

チャートが「なべ底」の形状

き、その後再び上昇するパターンを表現したものです。形状がなべの底に似ていることから、この名前がつきました。

このパターンが形成される背景には、株価が下落しても企業の実態は良好であるため、その銘柄を安価でエントリーしようとする動きがあります。その結果、株価は一定の水準で安定した後、次第に上昇に転じるのです。

このチャートの形を理解することは、投資タイミングを探る上で役立ちます。

投資初心者にとっては、継続して買われている安全な銘柄を見つける一つの手がかりとなるでしょう。

なべ底チャートが出現すると、そこには株価が安値から反転し、再び高値を更新する可能性があります。このチャートによって、より有利な投資戦略を立てられます。

↓パターン2 パーフェクトオーダー

パーフェクトオーダーとは、短期・中期・長期の3本の移動平均線が、右肩上がりか右肩下がりでキレイに並んでいる状態を指します。短期間の移動平均線が中期間よりも上、中期間の移動平均線が長期間よりも上に位置している時、それは上昇トレンドが続いていることを示しています。

一方で、短期間の移動平均線が中期間より下、中期間の移動平均線が長期間の移動平均線よりも下に位置している時は、下降トレンドが続いています。

パーフェクトオーダーが形成されている時、その銘柄は注目度が高い状態です。そのため、投資家はこのパターンを利用して、トレンドの継続や転換の可能性を判断し、投資のタイミングを計ることができます。

パーフェクトオーダーの例

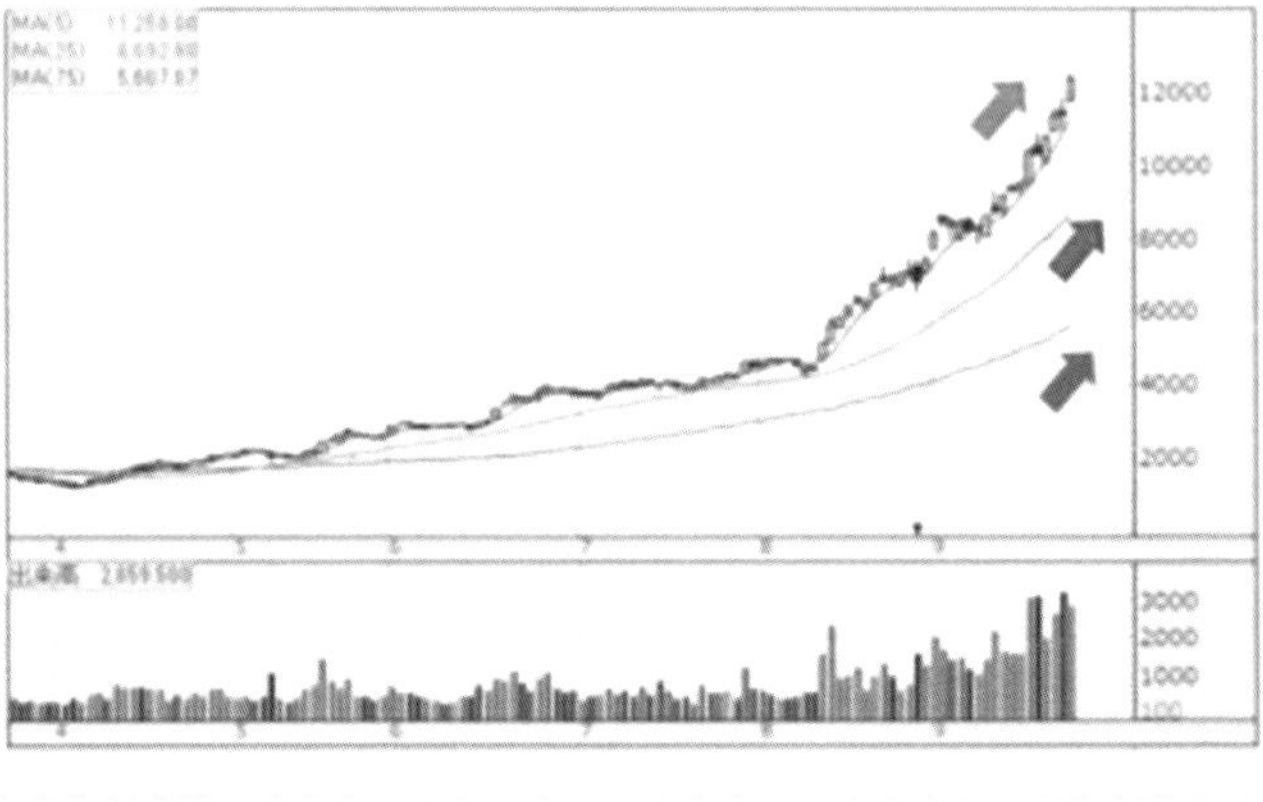

なお、移動平均線は過去数日間の平均価格を示す指標であり、この日数の設定が重要なポイントになります。

設定に使用される数値は、短期間の移動平均線が5日、中期間が25日、長期間が75日となっているケースが多いですが、このパラメータは取引ツール上で手動で変更可能です。

ですが株式銘柄の数は多く、それぞれ値動きのパターンも異なっているため、銘柄に合わせて適切なパラメータにする必要があります。

もしここで設定をミスすれば、トレンドの動きや売買タイミングを正しく判断できなくなってしまうのです。

したがって、各銘柄に合わせた数値に設定できるようにならなければなりません。そのためにも、本書の冒頭でご紹介した「ウルフ村田流・移動平均線パラメータ設定マニュアル」が役に立つはずです。

次のページにも、登録用のＱＲコードを掲載しておきますので、ぜひご利用ください。

読者様への特典

是非下記QRコードより
お受け取り下さい。

QR コードからご登録すると
下記特典を受け取ることができます。
登録は無料です。

- [x] ウルフ村田オリジナル パラメータ設定マニュアル
- [x] 黄金株発掘スクリーニング法（動画）
- [x] 暴落時のトレードテンプレート

期間限定の特典となっていますので
お早めにご登録ください。

プロトレーダーはこの情報をチェックしている

ここまでの話で分かってもらえたかと思いますが、株式投資は「情報が命」です。といっても、具体的にどうやって情報収集していけばいいのか分からず、ネットの情報を行き当たりばったりに集めている人も多くいます。

そこで、無駄なく必要な情報をピンポイントで仕入れるための方法をお伝えしましょう。これは実際に機関投資家が、潜在能力のある企業を独自調査する際に用いている方法でもあるので、よく押さえておいてください。

ここでは、次の株式サイトの活用方法について紹介します。

● 株探
● Ｙａｈｏｏ!ファイナンス
● 株ドラゴン
● 世界の株価

↓株探

「株探」は、投資対象となる有望銘柄を多角的に調査・発掘するためのウェブサイトです。このサイトの目的は、株式投資の初心者から経験者まで、情報収集や銘柄選定を迅速かつ簡単に行えるようになることです。

特に私が注目しているのは、すでに

株探

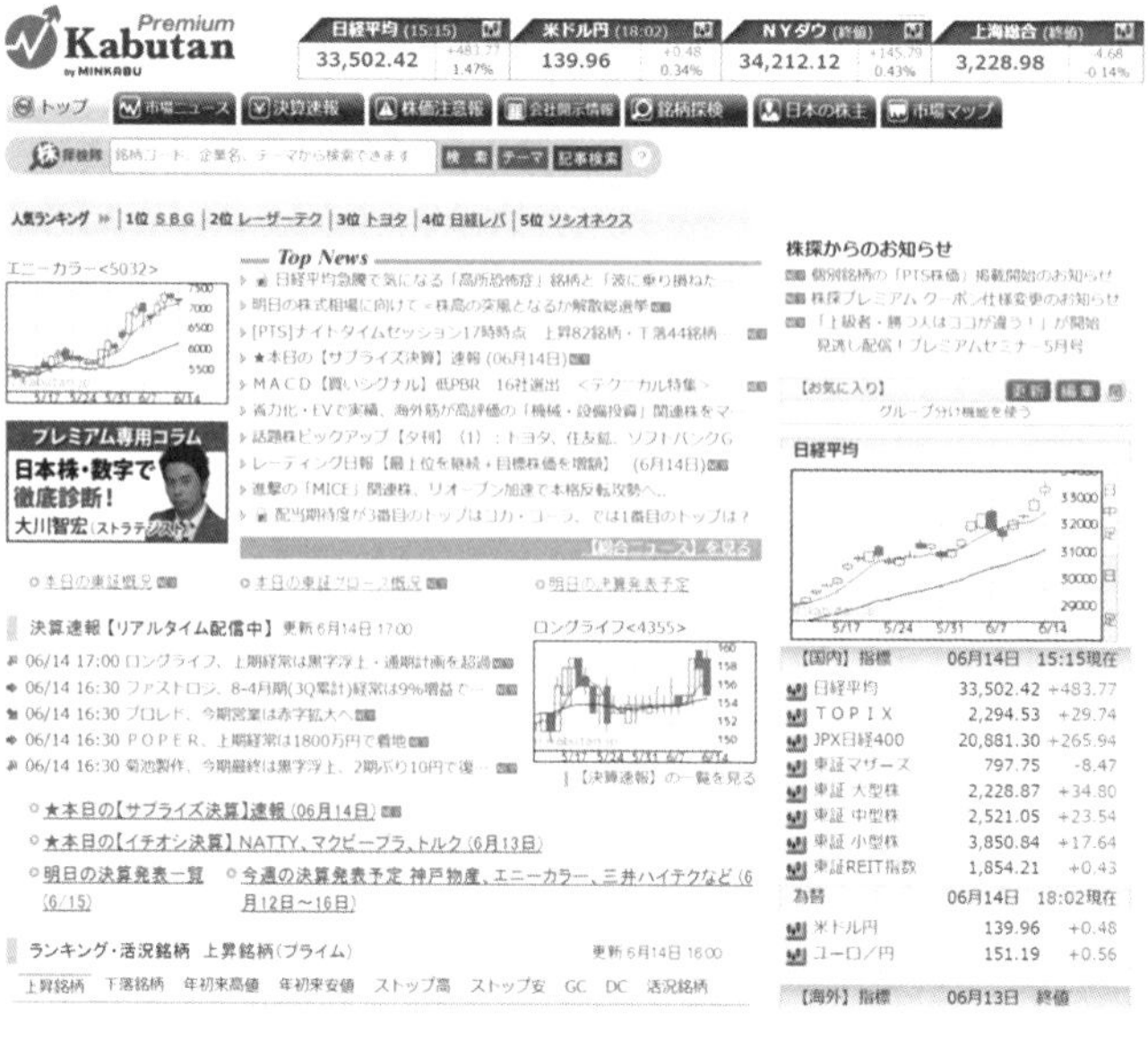

(引用：株探トップページ)

お伝えしたものもありますが次のような項目です。

- **本日の活況銘柄**
- **人気の株式テーマ**
- **年初来の高値を更新した銘柄**
- **年初来安値からの値上がり率ランキング**
- **出来高急増ランキング**
- **STOP高**
- **ティック数**

これらを確認することで監視銘柄が見つけられます。また、上場企業の最新の決算情報や、株価が動く可能性のある銘柄についてリアルタイムで確認できます。

株探の個別銘柄ページには、業績、企業概要、株価チャートなど、投資に必要な情報が一覧表示されています。さらに、サイト内の銘柄検索機能は、初心者でも扱いやすいように設計されています。

私は、トップ〉株価注意報の**「本日の活況銘柄」**を必ずチェックしています。ここでは、証券会社の自己売買や、機関投資家、デイトレーダーなどの売買が活発な約定回数上位銘柄が分かります。

また株探の個別銘柄ページ内の決算欄で、上場以来の売り上げ推移も確認しています。テーマ性で探す時は話題のテーマをランキングした「人気の株式テーマ」がおすすめです。

↓Yahoo!ファイナンス

「Yahoo!ファイナンス」では豊富なグラフや指標を用いて、市場の動きを詳細に分析しています。これにより、投資家は最新の市場情報を手に入れられます。加えて、ポートフォリオ機能もあるので、注目の銘柄や保有株のリストを作成し、それらの情報をリアルタイムで取得できます。

SBI証券の口座を連携すると、資産状況を一目でチェックすることも可能です。また、

SBI証券口座と連携している機能（預金や現物取引、信用取引）において、投資信託情報の提供も開始しています。投資に関するアクションを一気通貫で行えます。

Yahoo!ファイナンス

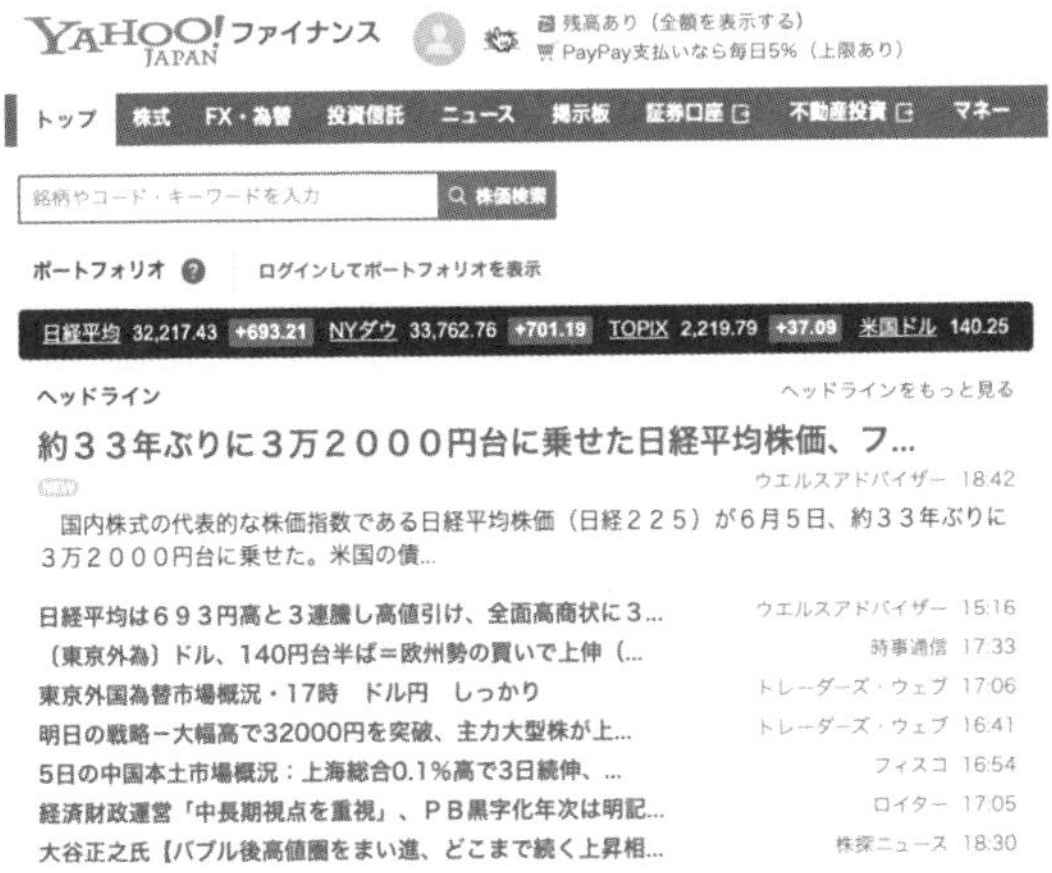

（引用：Yahoo!ファイナンストップページ）

↓株ドラゴン

「株ドラゴン」の特徴は、日本の株式市場の値上がり率ランキングなど、様々なカテゴリの情報をランキング形式で提供している点にあります。他にも、出来高や、IPO(新規公開株)や値下がり率、STOP高、STOP安など多種多様な指標が用いられています。これによりユーザーは特定の条

株ドラゴン

値上がり系 株式ランキング

株式 値上がり率 ランキング

順	名称	取引値	前日比	
1	アクリート	1,303	+300	+29.91%
2	インタートレード	500	+80	+19.05%
3	スマートドライブ	3,145	+478	+17.92%
4	CS－C	674	+100	+17.42%
5	ヘリオス　テクノ　ホールディング	657	+96	+17.11%
6	クラウディアホールディングス	657	+91	+16.08%
7	神戸天然物化学	1,780	+246	+16.04%
8	ゼネテック	1,104	+150	+15.72%
9	ぷらっとホーム	794	+100	+14.41%
10	日本出版貿易	2,119	+263	+14.17%

窓開け 上昇 銘柄

順	名称	取引値	前日比		窓開け率
1	ゼネテック	1,104	+150	+15.72%	+15.72%
2	インタートレード	500	+80	+19.05%	+7.14%
3	アマナ	380	+43	+12.76%	+6.82%
4	フュージョン	1,200	+47	+4.08%	+4.08%
5	ビジネスブレイン太田昭和	2,358	+158	+7.18%	+2.34%
6	パワーソリューションズ	2,266	+50	+2.26%	+2.26%
7	朝日インテック	2,812	+80	+2.93%	+2.19%
8	日本出版貿易	2,119	+263	+14.17%	+2.16%
9	エーザイ	9,500	+450	+4.97%	+2.07%
10	長野計器	1,845	+68	+3.83%	+2.02%

連騰 大化け 銘柄

順	名称	取引値	前日比		連騰	連騰値上り率	
1	インタートレード	500	+80	+19.05%	3日	+176	+54.32%
2	スマートドライブ	3,145	+478	+17.92%	5日	+1,023	+48.21%
3	アマナ	380	+43	+12.76%	2日	+123	+47.86%
4	日東紡	2,616	+162	+6.60%	9日	+811	+44.93%
5	CS－C	674	+100	+17.42%	4日	+191	+39.54%
6	ゼネテック	1,104	+150	+15.72%	2日	+300	+37.31%
7	ブレインパッド	900	+66	+7.91%	5日	+178	+24.65%
8	プログリット	4,320	+65	+1.53%	5日	+845	+24.32%
9	ペプチドリーム	2,355	+57	+2.48%	5日	+453	+23.82%
10	スパイダープラス	767	+61	+8.64%	5日	+147	+23.71%

5日間暴騰 ランキング

順	名称	取引値	前日比		5日間暴騰率	
1	インタートレード	500	+80	+19.05%	+170	+51.52%
2	アマナ	380	+43	+12.76%	+108	+39.71%
3	エコム	2,580	+179	+7.46%	+733	+39.69%
4	CS－C	674	+100	+17.42%	+191	+39.54%
5	スマートドライブ	3,145	+478	+17.92%	+882	+38.97%
6	ｅｎｉｓｈ	769	+16	+2.12%	+209	+37.32%
7	ゼネテック	1,104	+150	+15.72%	+285	+34.80%
8	Ｆｉｎａｔｅｘｔホールディングス	800	-5	-0.62%	+175	+28.00%
9	ＡＬｉＮＫインターネット	1,149	-196	-14.57%	+235	+25.71%
10	ＡＣＣＥＳＳ	1,095	-75	-6.41%	+223	+25.57%

赤三兵 銘柄

順	名称	取引値	前日比		赤三兵騰勝率
1	インタートレード	500	+80	+19.05%	+57.23%
2	CS－C	674	+100	+17.42%	+37.55%
3	スマートドライブ	3,145	+478	+17.92%	+36.56%
4	GMB	2,059	+242	+13.32%	+21.26%
5	ブレインパッド	900	+66	+7.91%	+19.52%
6	サーキュレーション	874	+85	+10.77%	+18.59%
7	パス	106	+13	+13.98%	+17.78%
8	アースインフィニティ	228	+5	+2.24%	+14.57%

株式 値上がり幅 ランキング

順	名称	取引値	前日比	
1	キーエンス	70,030	+1,600	+2.34%
2	SMC	76,860	+1,260	+1.67%
3	ダイキン工業	28,250	+930	+3.40%
4	ＳＨＩＦＴ	25,270	+690	+2.81%
5	スマートドライブ	3,145	+478	+17.92%
6	オービック	23,710	+470	+2.02%
7	光通信	20,800	+470	+2.31%
8	M&A総研ホールディングス	10,540	+460	+4.56%

(引用：株ドラゴントップページ)

件にマッチした株式を見つけ出すことができます。

また、市場や業種、チャートの形状による絞り込み機能も提供されており、当日の株式ランキングだけでなく過去のランキングも表示可能です。

投資家はいろいろな角度から市場の動向を確認でき、投資判断に活かせます。

株ドラゴンは無料で利用できますが、他の無料投資情報サイトの中でも豊富な情報量を誇っています。

↓世界の株価

「世界の株価」というサイトは、世界全体の動きを直感的に把握できる点が魅力です。

このサイトではアメリカや欧州、アフリカ、そして日本を含めたアジアの国々の株価や株式指数が一覧で確認できます。

株以外にも仮想通貨や為替のチャートも掲載されており、ニュースや経済指標も閲覧できます。

銘柄の一覧が表示されている状態で特定の銘柄のチャートをクリックすると、そのチャートを大画面で見られます。そのチャート画面では時間足の変更や、テクニカル指標を利用した分析も可能です。

世界の株価は無料で利用できますし、サイトのデザインは使いやすさを重視しており、初心者でも簡単に操作できます。

株式投資を始める方はもちろん、日常的に世界経済の動きを把握したい方にとっても有用なサイトでしょう。

世界の株価

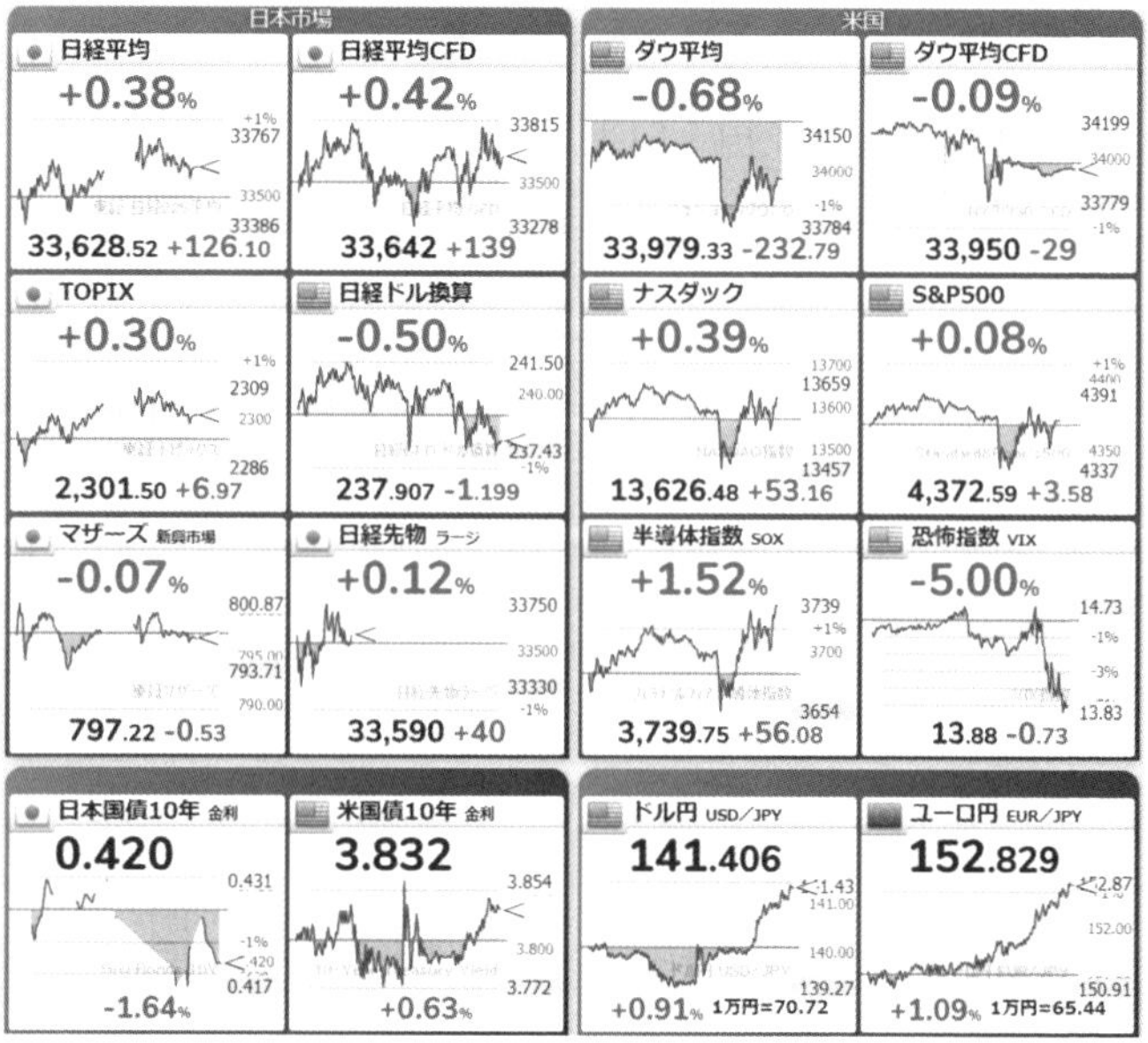

（引用：世界の株価サイト）

監視銘柄を取引するタイミングは？　買い時、売り時のサイン

ここまで監視銘柄を選定する方法について見てきましたが、当然ながら銘柄の目利きができたとしても、売買のタイミングを誤れば利益にはつながりません。

確実に資産を増やしていくためにも、監視銘柄の買い時、売り時を見極められるようにしましょう。

↓買い時のサイン

買い時のサインを見つけるには、次の2つのポイントを意識します。

●出来高急増・ＳＴＯＰ高の銘柄

● 6ヶ月移動平均線をローソク足が上抜けしたタイミング

・出来高急増、STOP高した銘柄に注目

急激に出来高が増え、STOP高に達した銘柄は、買い時のチャートサインを発しています。

出来高急増ランキングで確認します。

ただし、取引量が極端に少ない100～1000株程度の銘柄は除きます。数千～数万株から10～20倍に増えている場合は、引き続き監視しましょう。

買い時としては初動でエントリーするのが一番良いのですが、慣れないうちは初動に乗るのは難しいので、逃した場合の買いポイントについて解説します。

まずは銘柄が急上昇を始めてから初の下落ポイント（初押しポイント）を監視します。そして5日移動平均線の上にローソク足が乗るなど、タイミングを見てエントリーしましょう。

大相場は2週間～1ヶ月程度急騰した後に落ち着くことが多くあります。その期間中は早く売りたいと考える人が少なくなるので、狙い目です。

もし、単なる下落か初押しのタイミングかを判断できない場合は、前回の高値を超えるのを待ってエントリーします。過去の最高値を超えた時点でエントリーすると、損益がプラスになる人が増えるため、売り物が少なくなります。1、2回の高値更新を見て判断します。

出来高急増を株式メディアで確認する場合は、次のコンテンツが参考になります。

- **「株ドラゴン」買いシグナル**
- **「株マップ.com」6ヶ月リターンランキング**

「株ドラゴン」の買いシグナルの下位の銘柄に注目します。上位の銘柄はすでに上がり切っているものが多いので、下位の銘柄から伸びるものを探しましょう。

「株マップ.com」の6ヶ月リターンランキング（全市場）を見ると、押し目買いされていたり、業績が良かったりする内容の優れた銘柄を確認できます。

ユークス（4334）月足チャート

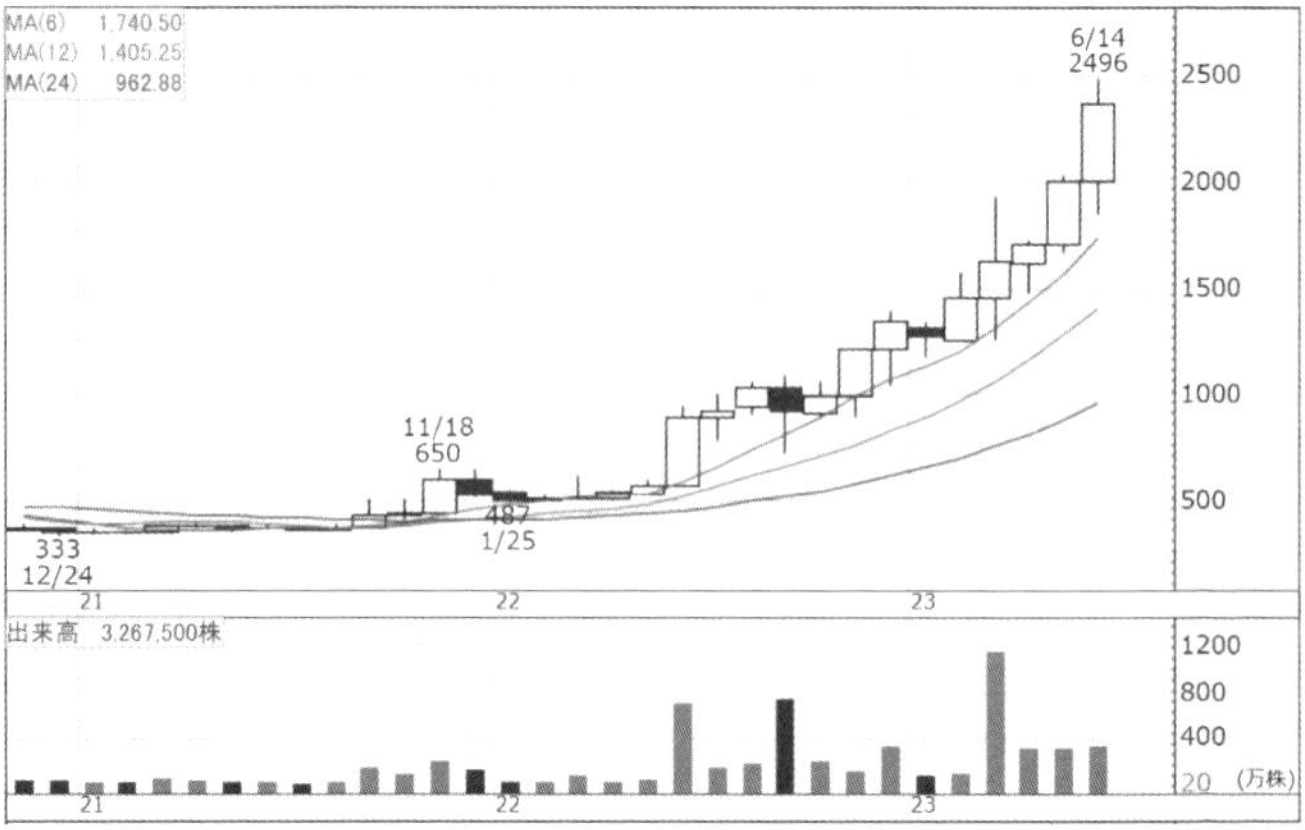

（引用：株探）

・6ヶ月移動平均線をローソク足が上抜けしたタイミング

最強のパターンは、6ヶ月移動平均線が上向きになり、その線上でローソク足が動いている状況です。このようなパターンの場合、私は億単位でエントリーします。

例えば上記のユークス（4334）では、キレイに6ヶ月移動平均線が右肩上がりで、美しいチャートを描いています。ローソク足も線の上で推移しているので、こういったチャートを狙います。

また週足が連続した陽線になっている時も上昇トレンドです。

理想的には陽線が続いた1週目がエントリータイ

ミングですが、2週目でも問題ありません。2週続く場合は前回の高値を超える可能性も高いです。陽線が連続している間は「売らなくても問題ない」という気持ちで向き合いましょう。

↓売り時のサイン

トレードスタイルとして、基本的にはスイングトレードをおすすめしています。第3章でも解説した通り、株式投資におけるスイングトレードは、2、3日〜数週間で短期売買を行うトレーディングスタイルです。

長期的に伸びている銘柄でも、短期的には上がり下がりを繰り返しています。スイングトレ

連続した週足陽線

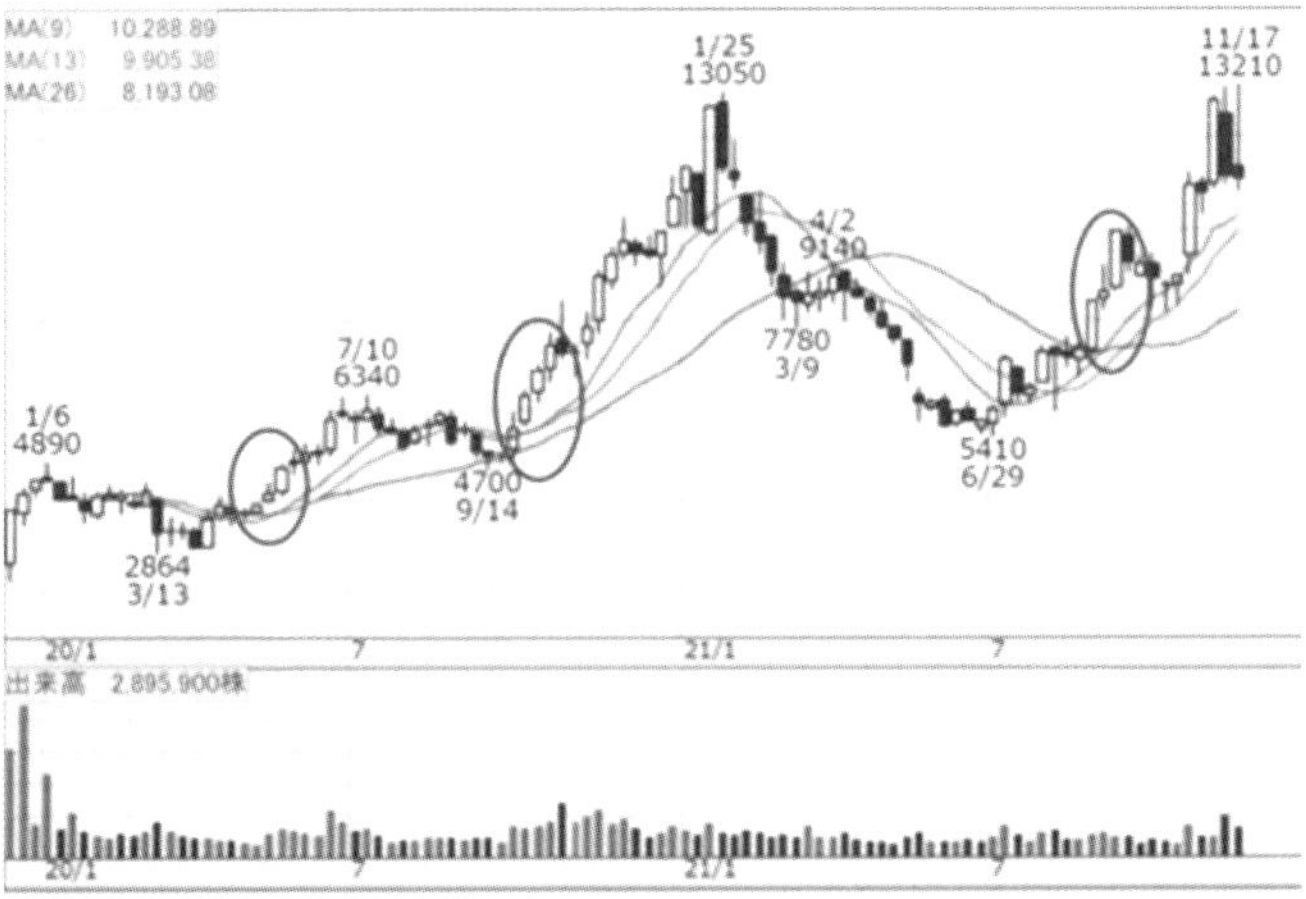

キャンバス(4575)月足チャート

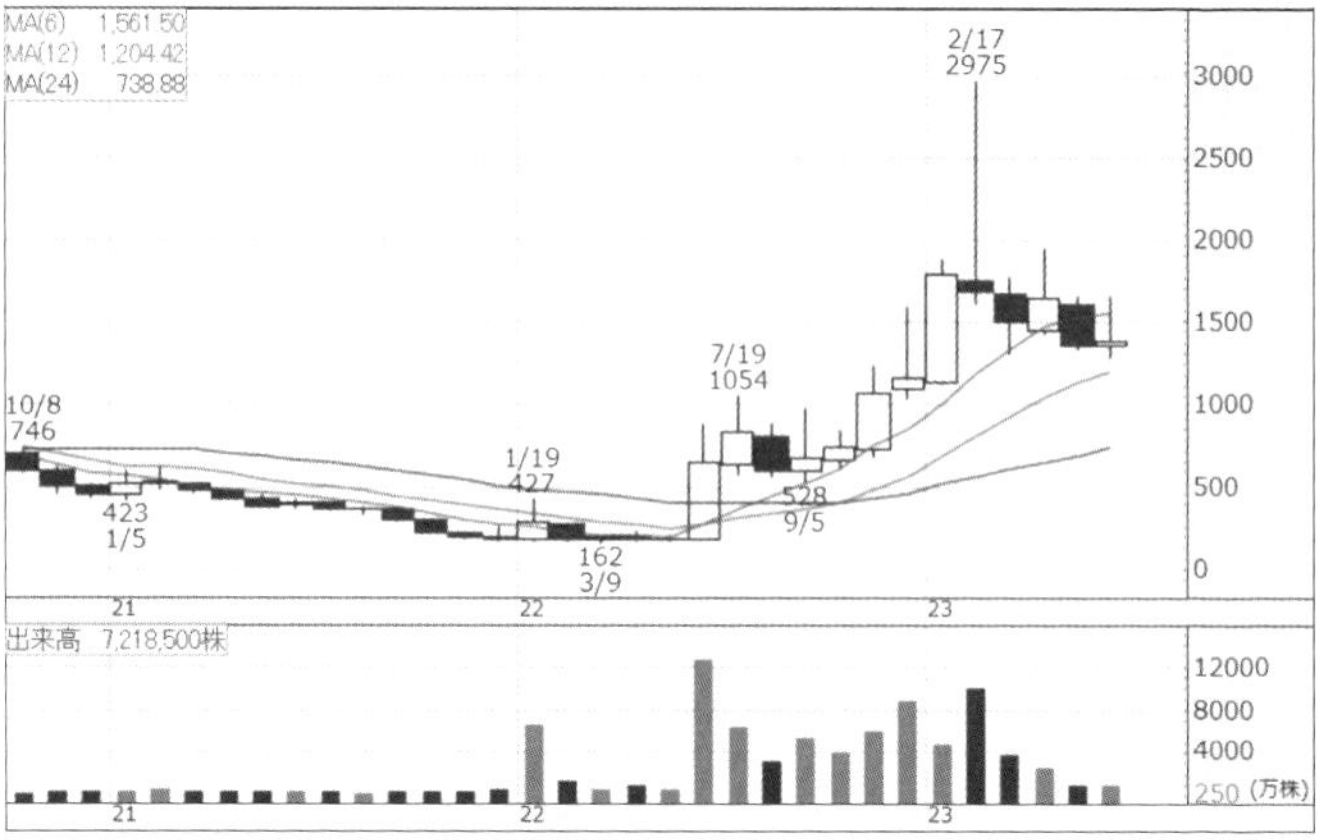

（引用：株探）

ードで、上がった時に売り、下がったタイミングで買うという短期の売買を繰り返すと資金を大きく増やせます。例えばキャンバス（4575）は2022～2023年の間の8ヶ月で株価が10倍になっていますが、10倍になるまでに上げ下げを繰り返していました。スイングトレードで、この短期の上げ下げの利幅を取りましょう。また売りのタイミング、つまり利確のポイントは次の2点です。

●陰線が出た時

●移動平均線が下向きになった時

順に解説します。

・陰線が出た時

まず陰線が出た時というのは、前日と比べて株価が下落した場合を指します。

特に連続して陰線が出ている時は下落トレンドの兆しと捉え、売りのタイミングだと考えましょう。

陰線と陽線が日替わりで繰り返されるクジラ幕相場にも注意しましょう。クジラ幕相場では、陽線と陰線がローソク足のチャート上で交互に表れます。

この時のビジュアルが、葬儀で使われる白黒の「クジラ幕」に似ていることから名付けられました。この相場の時は売った方が良いです。

陰線が5日移動平均線を割った時も、一度売るのがおすすめです。

下落トレンドに転じた可能性があるので一度ポジションを整理し、再度買いのチャンスをうかがいます。

・移動平均線が下向きになった時

移動平均線は、ある期間にわたる株価の平均を示す折れ線グラフのことで、トレンドの方向を示す一般的なツールです。下向きの移動平均線は下降トレンドを示し、これは株式を売るべきサインとなります。

移動平均線が下向きになった場合、ある一定期間（例えば5日間）の株価の平均値を連続的に計算し、それが下降していることを指します。

他に注意すべき点は、次の通りです。

- **MACDのデッドクロス**
- **全投資資金の2％以上のロス**
- **決算日をまたぐ投資（初心者は避ける）**

MACDを活用した見極めが重要です。

MACDとは、短期と中長期の移動平均線を使用して、

MACD

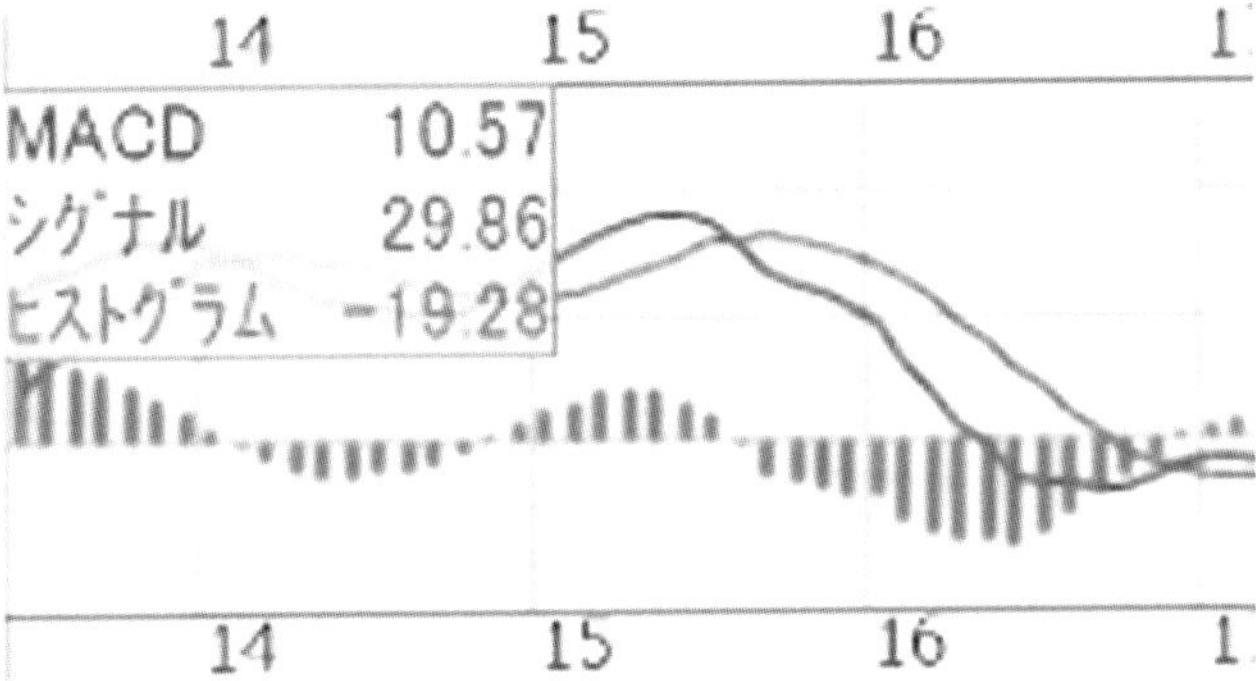

買いと売りを判断するテクニカル分析の手法です。

上の図のように、MACDとMACDシグナルという2本のラインの交差点が、売買のタイミングとして利用されています。

例えば、MACD線がシグナル線を上抜けするとゴールデンクロスといわれる買いタイミングです。

一方で、MACD線の上昇が落ち着き、シグナル線を下抜けするとデッドクロスという売りタイミングです。

確認するポイントが多いと、初心者は分からなくなる人もいますが、少なくともMACDがデッドクロスのところは危険です。

↓私が買いたくなるチャートと避けるチャート

参考までに、私が思わず買いたくなるようなチャートと絶対に避けたいチャートの特徴をご紹介します。

私は株投資歴30年以上で、毎日チャートを見続けてきたせいか、チャートに対して独特の美意識を持っているんです。形が美しくて買いたいと感じるチャートもあれば、見ただけで吐き気がするような悪い形のチャートもあるんですよね。

経験を積んでいって資産を増やせるようになれば、こうした投資についての自分のルールやこだわりがあなたにも芽生えてくるかもしれません。

◯買いたくなるチャート1　過去大化けした株の初動に似ている

銘柄によっては、定期的に大きな相場が形成されるものがあります。最近だと水素や半導体関連の株にその傾向が現れています。例えば次ページ上図のようなチャートを見てください。

買いたくなるチャート1

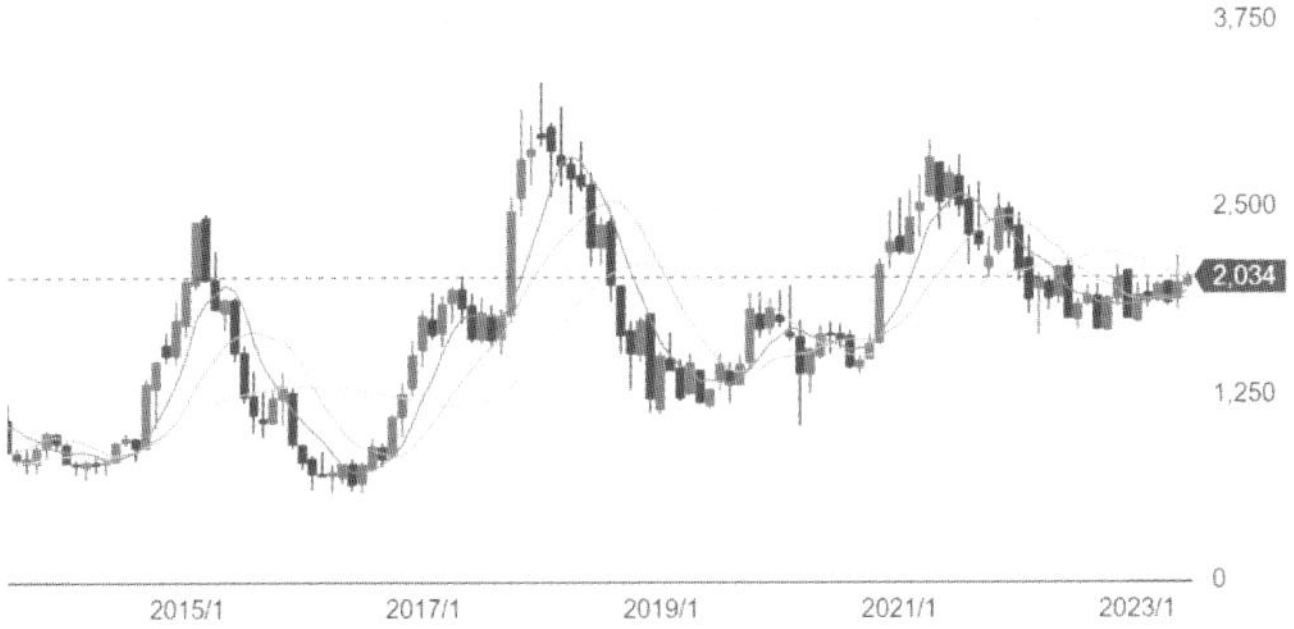

（引用：Yahoo！ファイナンス）

このように過去のデータを見ると、底値から上昇を開始して、短期間で著しい利益を上げている場面が何度か見られる銘柄には注目です。

特に6ヶ月移動平均線が右肩上がりで、その上でローソク足が上下しながらも上昇しているような、リズムのあるチャートの場合はチャンスです。これは投資家にとって魅力的なパターン。

でも多くの投資家は途中で売買を行ってしまって、最終的なリターンが10倍に達しないことがよくあるんですよね。

理想的なアプローチは、株価が6ヶ月移動平均線の上で揺れ動いている間、規則性が保たれている限り、投資を続けること。諦めたらそこで終わりですからね！

○買いたくなるチャート2　集めている形跡がある

次はその銘柄のチャートに、**「大口投資家が株を集めている形跡がある」**場合も要チェックです。代表的なのは、下のチャートみたいに、横ばいになっている局面ですね。

株価は横ばいとなりながらも上下する動きを見せることもあります。この段階では、株価は大幅に上昇しないけれど、投資家たちがこれらの銘柄を集め始めるゾーンであると言えます。

このチャートの事例で言えば、2022年の終盤にドカンと上げていますよね。だから、**チャート上でアオダイショウがうねっているような値動きが見られた場合があれば、注意しておいてください。**

私がこのように横ばいになっているチャートを紹介すると、「全然上がってないじゃないか」とか「値動きがしょ

買いたくなるチャート 2

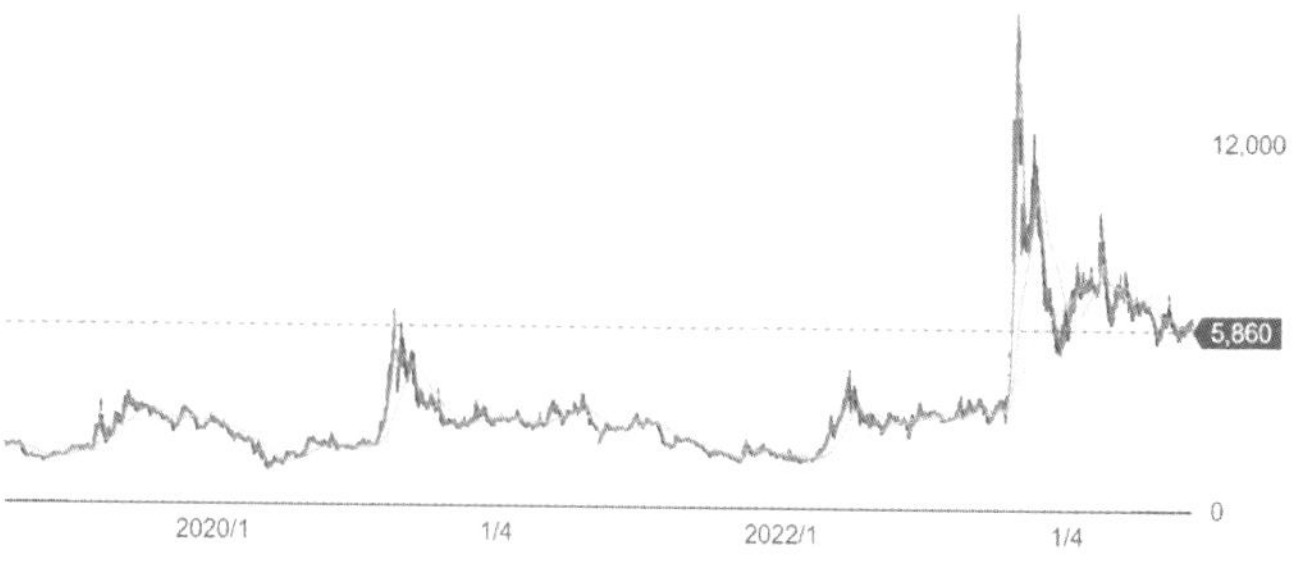

（引用：Yahoo ！ファイナンス）

ぼい」とか文句を言う人がいるんですよね。挙句の果てに「ウルフ村田にハメられた」なんていう人も(笑)。

多くの人はお金を集めている最中であることに気づけていないんですよ。

重要なのは、株を集めているフェーズがあって初めて株価が上昇するということです。なぜなら安く仕込みたいと考えている大口投資家が買い単価が高くならないよう少しずつ株を買っているから。

こうした大相場は年に何度も見られることだから、見逃してはダメなんです。

×避けたいチャート1　金持ちがそのチャートの中にいない

「お金持ちがいるかいないかなんて、どうやって判断するの?」と感じた人もいるかもしれないですが、チャートではローソク足や移動平均線以外にもさまざまな指標を付け加えられるんです。その一つが先ほど紹介した「出来高」。

特定の銘柄に対して期待している機関投資家や、資産が豊富な個人投資家が相場に積極的に参加すると、大規模な相場変動が見られることがよくあります。これについては出来高、つまり市場で取引される株式の量が重要な指標となります。

株価が大きく上昇する際には、通常出来高も増加します。これは多くの投資家が市場に参加し、株を買っていることを示しています。しかし、ここで注意が必要なのは、「**大口投資家が市場から撤退する場合**」です。これが起こると出来高が減少し始め、株価チャートは高値と安値を切り下げながら連続して下回る形になります。

参考チャートを見ても、ローソク足だけではなく出来高のグラフも下がっているのが分かりますよね。

避けたいチャート 1

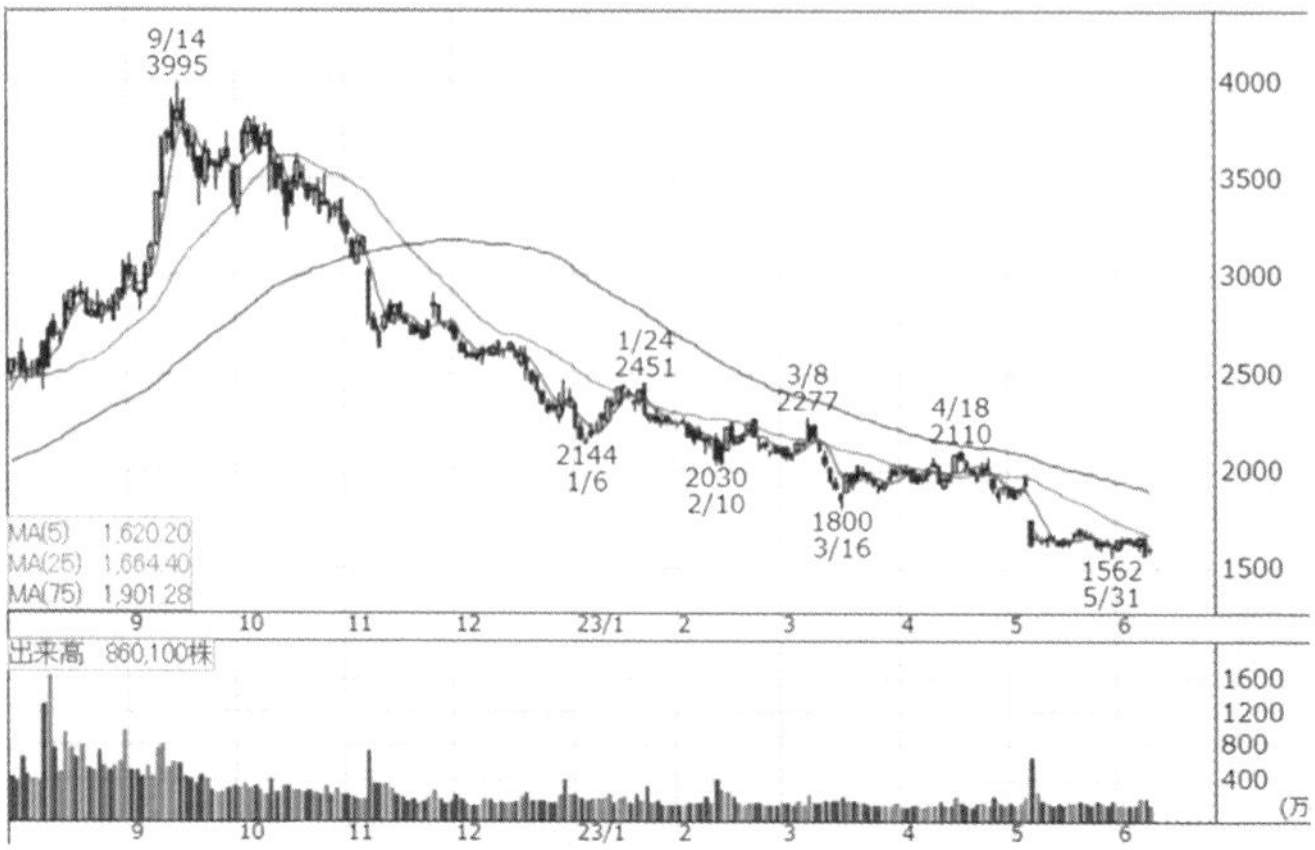

この現象は特に売買代金が少ない銘柄で顕著です。大口投資家が市場から離れると、取引量が激減し、株価の下落が加速します。これは市場参加者の関心が低く、必然的に売買が少なくなるためです。このような状況では、株価は安定せず、急激な変動が見られることが一般的です。

だから「お金持ちがいるかどうか」判断する際には出来高はもちろん、売買代金の大きさも参考にしてみましょう。

×避けたいチャート2　6ヶ月移動平均線が右肩下がり

これについては詳しく説明する必要はありませんね。ここまでで移動平均線がどれほど便利なものか、繰り返しお伝えしてきましたので、その重要性は理解できたと思います。

下のチャートを見ても、6ヶ月移動平均線に沿ってローソク足が推移していて、とてもリズムが良いですね。4月18日

避けたいチャート２

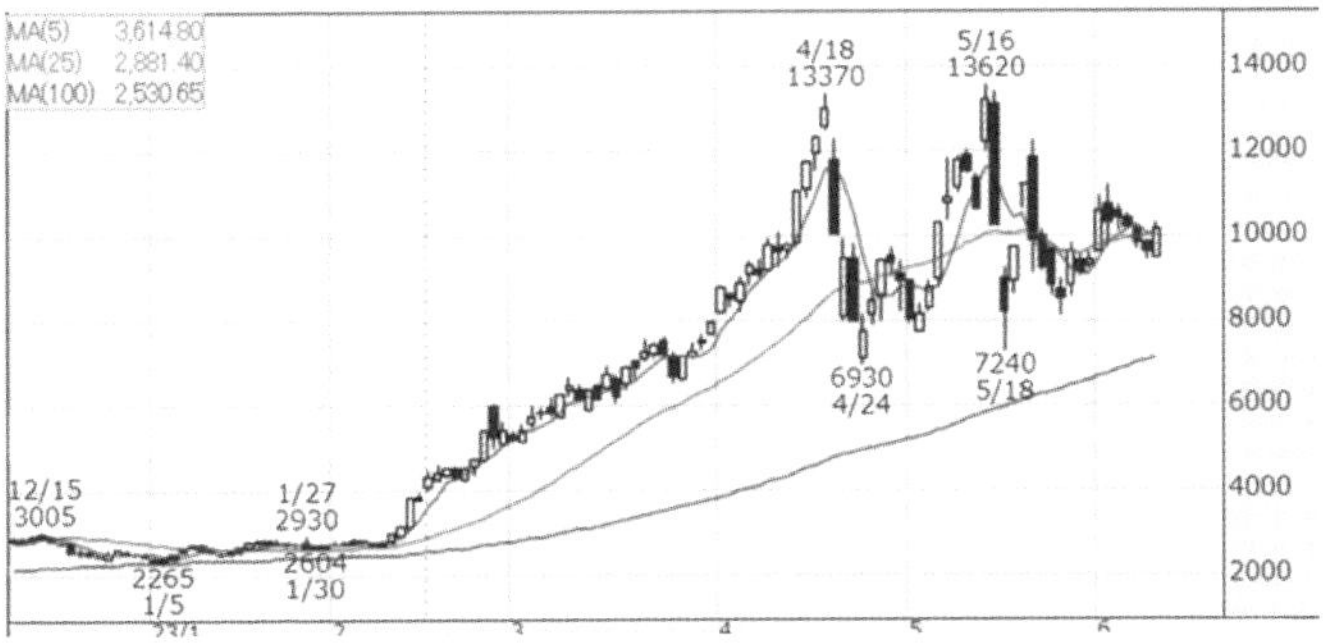

以降は移動平均線が下向きになって、上昇の勢いは落ちています。

中には4月18日のところで買ってしまうような人もいるんですよ。その直後に移動平均線が下に傾いているのに、完全に高値掴み。

あなたはそんな売買はしないように、気をつけてくださいね。

第5章

私の過去の売買記録を銘柄別に公開！

短期でテンバガー可能！日本株は美味しい

この章では、私がこれまでに取引した銘柄の一部を例にして、売買したタイミングやその理由などを解説します。

私は基本的に国内企業をメインにトレードしていて、ここで紹介しているのも日本株です。その理由は、日本株がアメリカ株などと比べて短期急騰しやすい特徴を持つためです。

例えば２０１１年のＡｐｐｌｅの株価は約15ドルだったんですが、そこから株価が10倍の１５０ドルに達するまで10年ほどかかっているんですよね。

たしかにアメリカ株は成長性の高い銘柄が多いんですが、これではどうしても時間がかかってしまいます。だから私は、短い期間で誰でも資産を増やせるように日本株をすすめています。

それでは、各銘柄のチャートを見ながら私の過去の売買の様子をご紹介しましょう。

↓実例解説①　アイフル

　私がアイフル（8515）をトレードしていた期間は2012年10月から2013年5月までです。70円でエントリー（購入）し、800円超えでイグジット（売却）。10倍以上の値上がりにより、テンバガーを達成しました。

　こちらはアイフルの月足チャートです。1本のローソク足が1か月の値動きを示しています。

　チャートの下に振られている10～14といった数値は西暦であり、2010～2014年時のローソク足です。

　2012年ごろからの値動きを見てください。見返してみると、2月頃からローソク足の実体が大きくな

アイフル（8515）

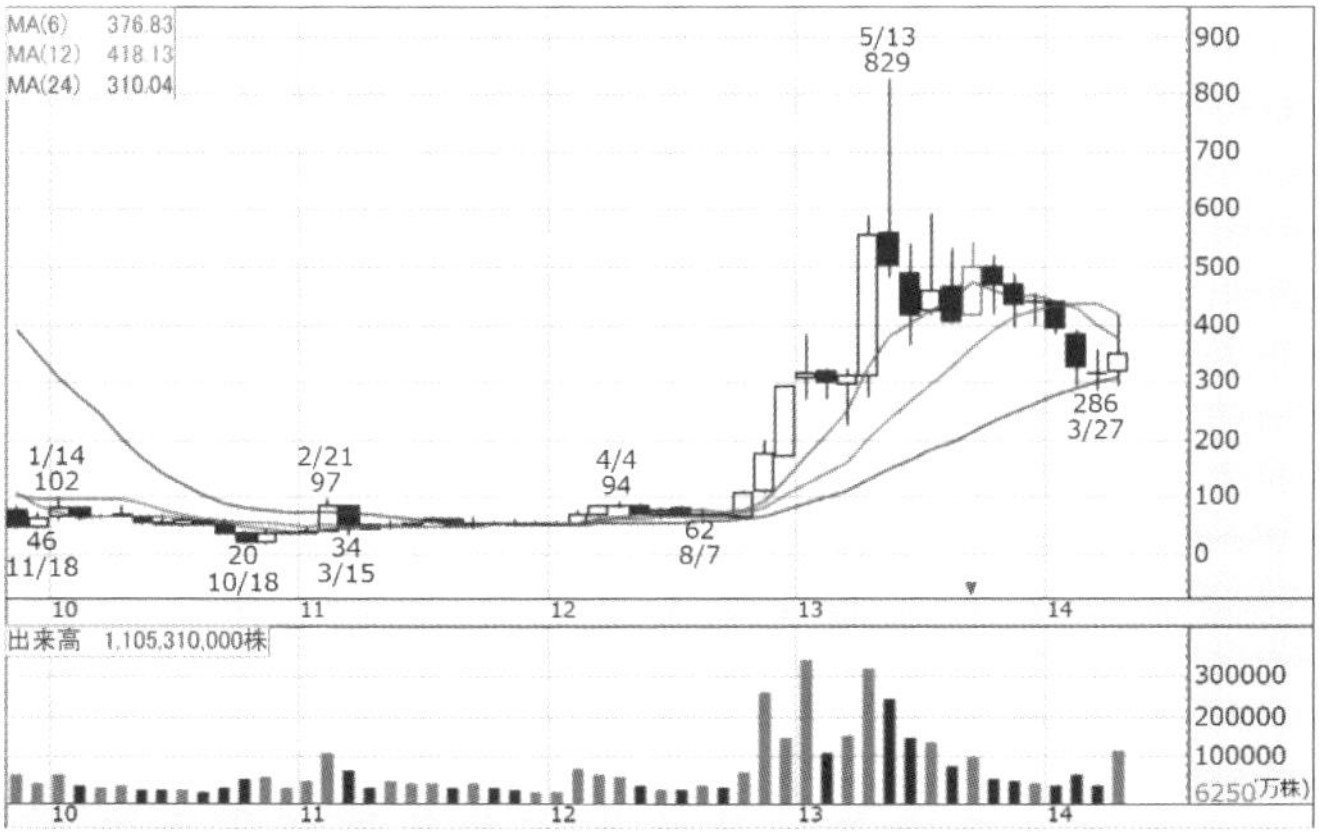

っているのが分かりますね。つまり2月頃から初動が始まっていて、特に10月から12月にかけて大きく上昇しています。10月には6ヶ月移動平均線をローソク足が上抜いて買いのサインが出ています。このように株価が大きく上昇し始めた際には、既に誰かがこれを集め始めていたという可能性が高いのです。

株価が上昇した主な理由としては、過払い金問題の解消と、それに続く業績改善の期待が挙げられます。

過払い金とは、消費者が消費者金融会社などから借金をした際、法律で定められた金利上限を超えて支払った金利のことです。2006年に日本では貸金業法が改正され、適用金利の上限が引き下げられ、多くの消費者金融会社が設定していた金利が法的に認められなくなり、その結果、過払い金の問題が深刻化した背景があります。

アイフルは日本で最大手の消費者金融会社でしたが、この過払い金問題によって多大な影響を受けました。

一時期アイフルは2000億円以上の過払い金返金を余儀なくされたのですが、問題の解消によって業績改善期待の思惑から急騰しています。

↓実例解説② ｍｉｘｉ

次にｍｉｘｉ（２１２１）です。トレード期間は２０１３年11月から２０１４年7月。

ｍｉｘｉというとＳＮＳの印象が強い人も多いと思います。ですがこの会社はＳＮＳ以外にもスポーツ事業、ライフスタイル事業、デジタルエンターテイメント事業にも展開していて、ここで紹介している株価上昇の理由は、スマホゲームアプリ「モンスターストライク」の大ヒットです。

チャートを見ると、２０１３年11月に移動平均線をローソク足が超えており、ここで私はエントリーしました。ｍｉｘｉは一度株式分割をしているのですが、エントリー時点での株価は５００円台。

mixi（2121）

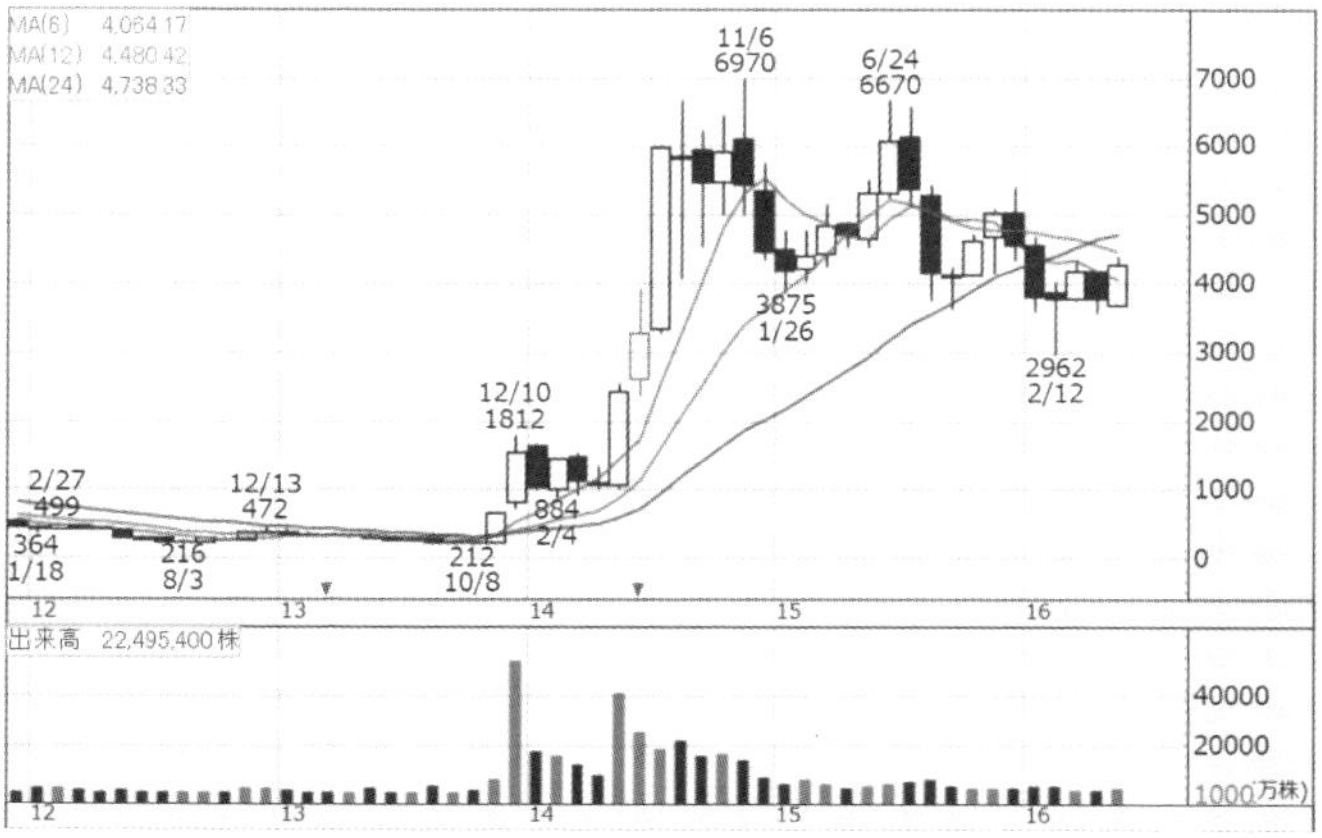

注目すべきは、モンスターストライクがヒットし始めた2013年11月から12月の期間。そこだけを見ると、まだまだ大きな値上がりとは言えないですよね。

2014年4月にはローソク足が6か月移動平均線を一度下抜けていましたので、そのタイミングで株を手放してしまった人もいたと思いますが、私はこの間じっくりと耐え忍び、株価が大きく上昇するのを待ち続けました。

そして2014年5月に急騰しています。5月以降のローソク足は移動平均線の上を見事に推移していて、きれいな上昇傾向が確認できますね。7月に6000円を超え、約12倍になったところでイグジットしました。


日本は携帯ゲーム機やコンシューマーゲーム、スマートフォンゲームなど、幅広いプラットフォームでゲームが楽しまれていますので、ゲーム関連株は注目するべきテーマの一つです。日本のゲーム文化は広範囲に渡っていて、eスポーツやゲームイベントなども盛んに行われています。

これからもゲーム市場で伸びる会社は出てくるでしょう。

また、もしゲーム株を買うと決めた場合、そのゲームを実際にプレイすることが大切です。

この後に解説する「パズル&ドラゴン」にも言えますが、株式投資において対象企業のビジネスモデルや商品に理解を持つことは重要です。実際にプレイすることで、ゲームの内容や人気度などを把握できるので、株価の動向や将来性をより正確に判断する材料になります。

株式投資は情報に基づいた意思決定が重要で、それに関連する業界や商品についても充分な知識を持つことが望ましいのです。

↓実例解説③　ガンホー

ガンホー(3765)も同じくゲーム関連企業で、スマートフォン用ゲームやPlayStation4やNintendoSwitch向けのコンソールゲーム、PCゲームなどを出しています。

特に「パズル&ドラゴン」の大ヒットから大相場になっています。

私がトレードしていた期間は2012年11月から2013年5月。600円台でエントリーし、1万5000円超えでイグジット。約25倍の利益となっています。

ガンホー(3765)

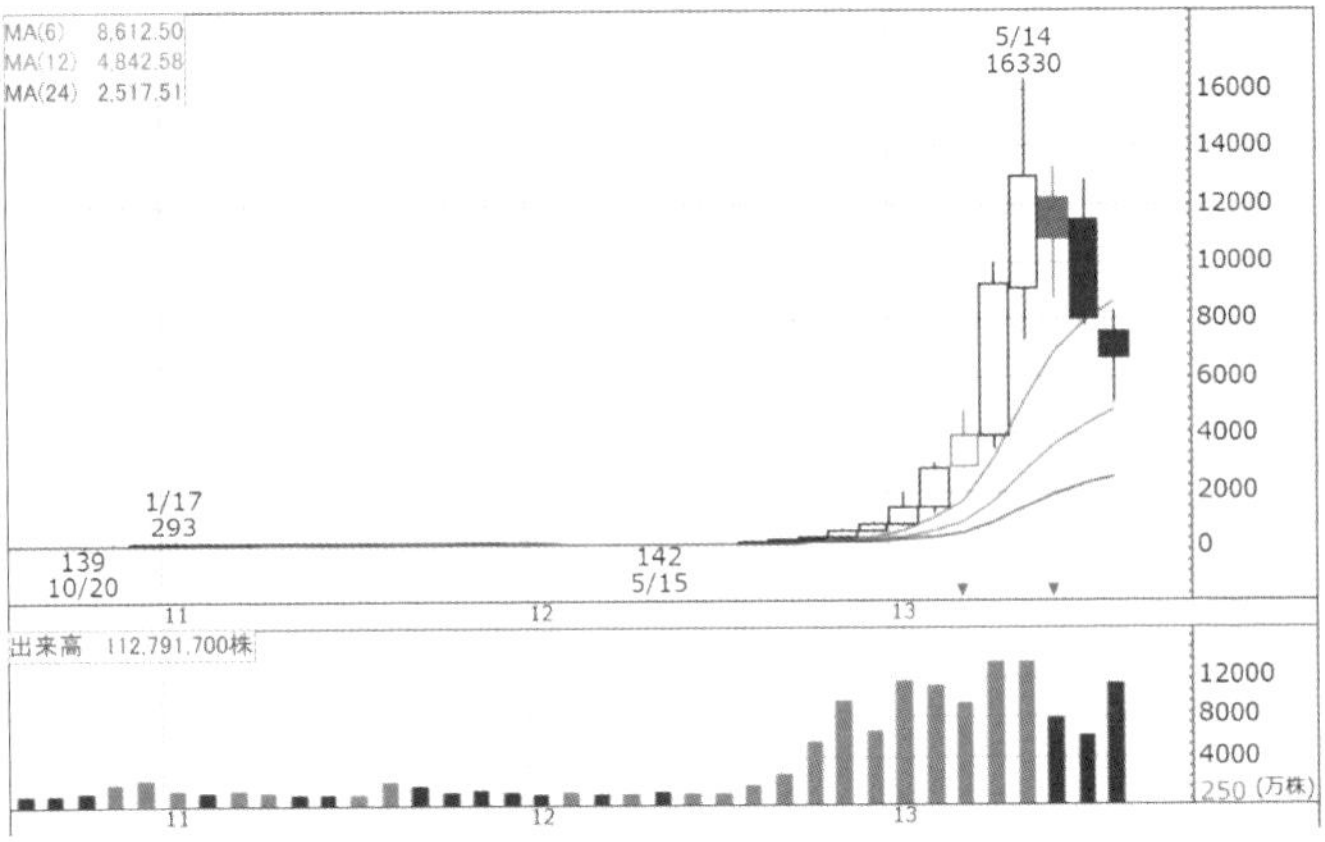

ガンホーはこの1年でなんと90倍にまで株価が上昇し、時価総額は2兆円になって一時期任天堂を抜いたこともあります。

株式投資は銘柄によっては短期間で一気に駆け抜けるから楽しいんですよね。

この時期に私が保有していた株は、先ほど解説したアイフル以外にはケネディクスもありました。ケネディクス(３４５３)は不動産関連事業などを展開している会社で、不動産ファンドの運用や不動産投資、不動産の売買や賃貸、不動産に関するアドバイザリーサービスなどを提供しています。

↓実例解説④　川本産業

川本産業（3604）のトレード期間は2020年1月のみで、3週間でした。500円台でエントリーし、3500円超えでイグジットしています。

チャートを見ると、2020年1月のローソク足の実体の大きさが他よりも目立っていますね。短期間で上昇する銘柄には、このような値動きを見せるものもあります。

川本産業は医療機器、消毒用品、包帯、マスクなどの医療用衛生製品や一般向け製品を製造・販売しています。また、医療・衛生材料に限らず、産業向け製品や介護用品、育児用品なども提供している会社です。

川本産業（3604）

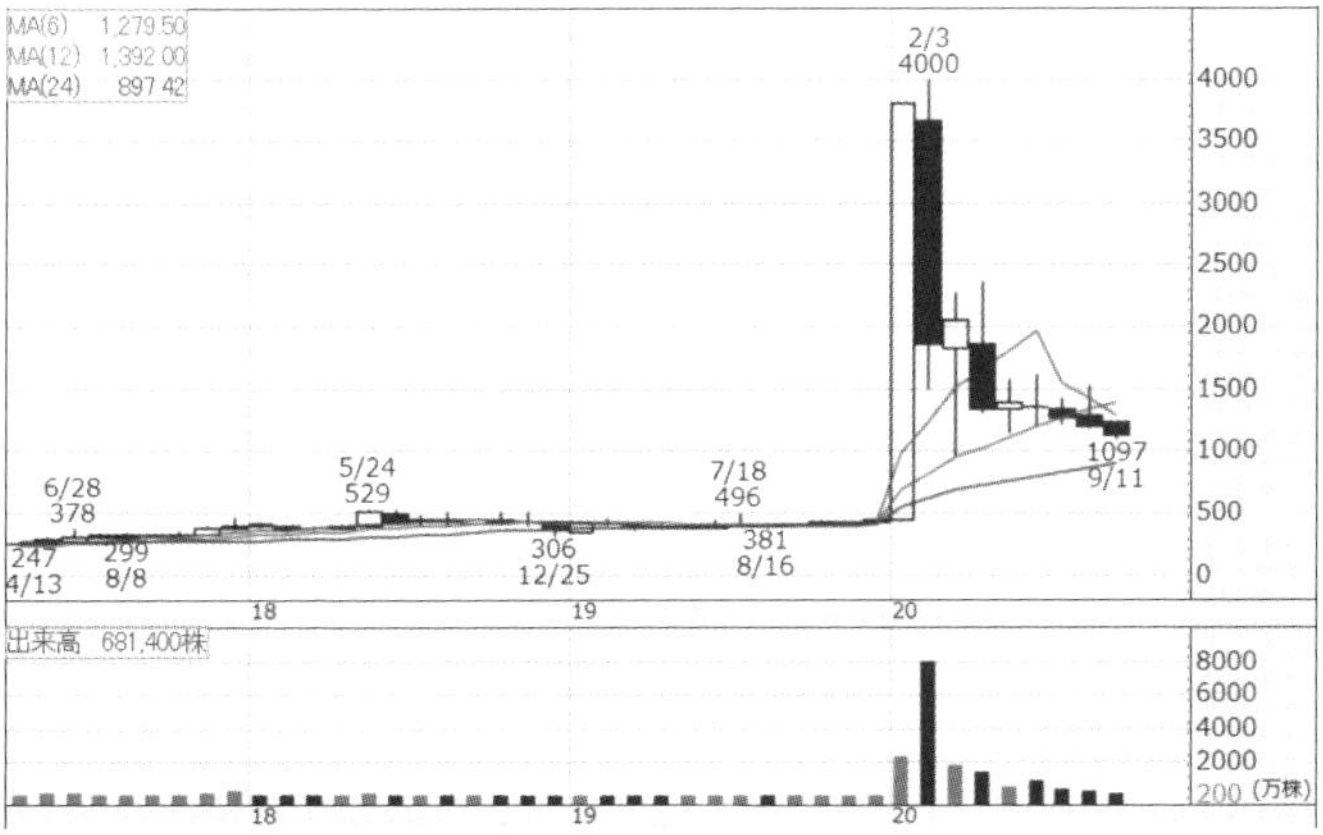

川本産業の株価が上昇した理由は、新型コロナウイルス感染症拡大によるマスク需要増加です。この頃は相場全体が落ち込んでいて、あまり利益を得られなかった人も多かったと思いますが、そんな時期でもスーパースターになり得る会社は出てくるのです。

川本産業以外にも大幸薬品（４５７４）やニイタカ（４４６５）、昭和化学工業（４９９０）、大木ヘルス（３４１７）中京医薬（４５５８）などの感染対策関連の銘柄が注目されていました。

どんな状況でも株式相場は変動するんですね。この書籍を制作している２０２３年時点でも、新型コロナウイルスの影響を受けた経済が回復に向かっており、ウィズコロナの時代になりつつあります。特に旅行関連株は再び飛躍しています。長い間、旅行業界は厳しい状況に直面していましたが、ワクチン接種の進展や感染対策の強化により、人々の旅行への意欲が高まっていることが原因でしょう。

こうした感染症以外にも、震災や金融危機などでもお金は大きく動きます。例えば東日本大震災や、その前の阪神淡路大震災の時も建設会社の株が1年で10倍になっていました。

他にもリーマンショック後は「もう日本株なんかダメだ」と悲観的になっていた投資家は多かったんですが、そんな風に腐っている人は全然ダメです。目を凝らして探せば、大化けする株は必ずあります。全部の銘柄がダメってことは決してありません。

常に社会の動きを観察していけば、スーパースターになり得る株式銘柄を探し当てることが可能です。

↓実例解説⑤ BASE

BASE（4477）は2020年5月から10月までの期間でトレードしました。300円台でエントリーし、安値から2倍水準の3100円でイグジットしています。

BASE（4477）

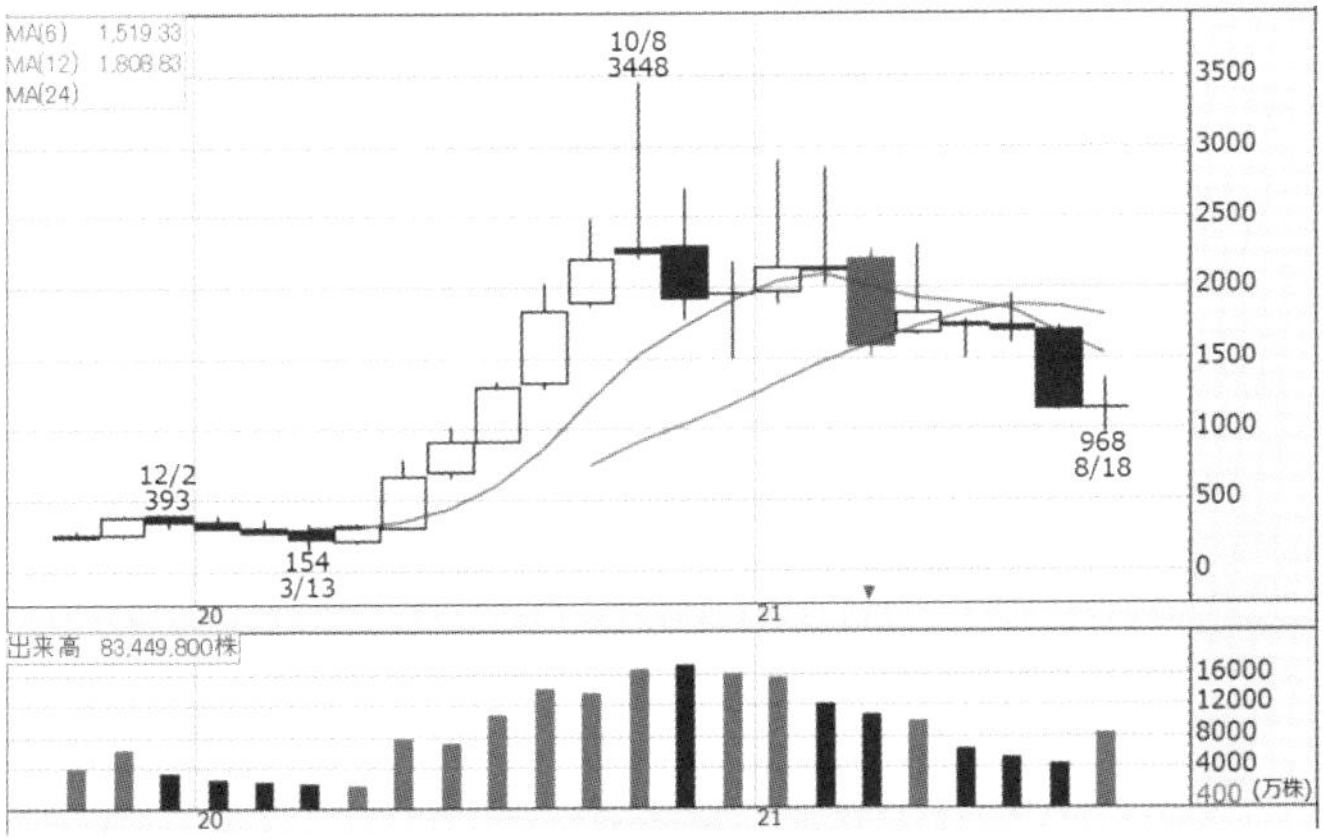

この会社はEコマースプラットフォーム「BASE」を提供している企業で、「誰でも簡単にオリジナルのネットショップを開設できるサービス」を目指しています。ネットショップを開設するにはエンジニアやデザイナーが必要ですが、BASEを利用することでそれらのスキルを持たない個人や小規模な事業主も簡単に自分のネットショップを立ち上げられます。

値上がりした原因としては、トップラインの大幅改善と黒字転換が評価されたことでした。特にチャートを見ると5月からローソク足の実体が大きくなっていますね。5月の決算を通過した辺りからが大相場になりました。

BASEに限った話ではないのですが、毎年5月は株価の初動が見られる時期であり、大きな利益を得るためのチャンスなのです。このことについては、本章の最後で詳しくお伝えします。

↓実例解説⑥　グローバルウェイ

グローバルウェイ（3936）のトレード期間は2021年7月から11月の4ヶ月でした。株式分割をしたので当時の株価とは異なりますが、50円台でエントリーし、1500円超えから売り始め、2000円のところですべてイグジット。エントリー価格から40倍にもなった事例です。

この会社はWebメディアの開発・運営などの事業をしており、毎年赤字の決算だったのが一転黒字に浮上し、将来を期待した投資家たちが一斉に注目したことがきっかけで値上がりしています。

2021年7月には4週連続でSTOP高となり、多くの人にとって監視対象にできる銘柄だったと言えるでしょう。

グローバルウェイ（3936）

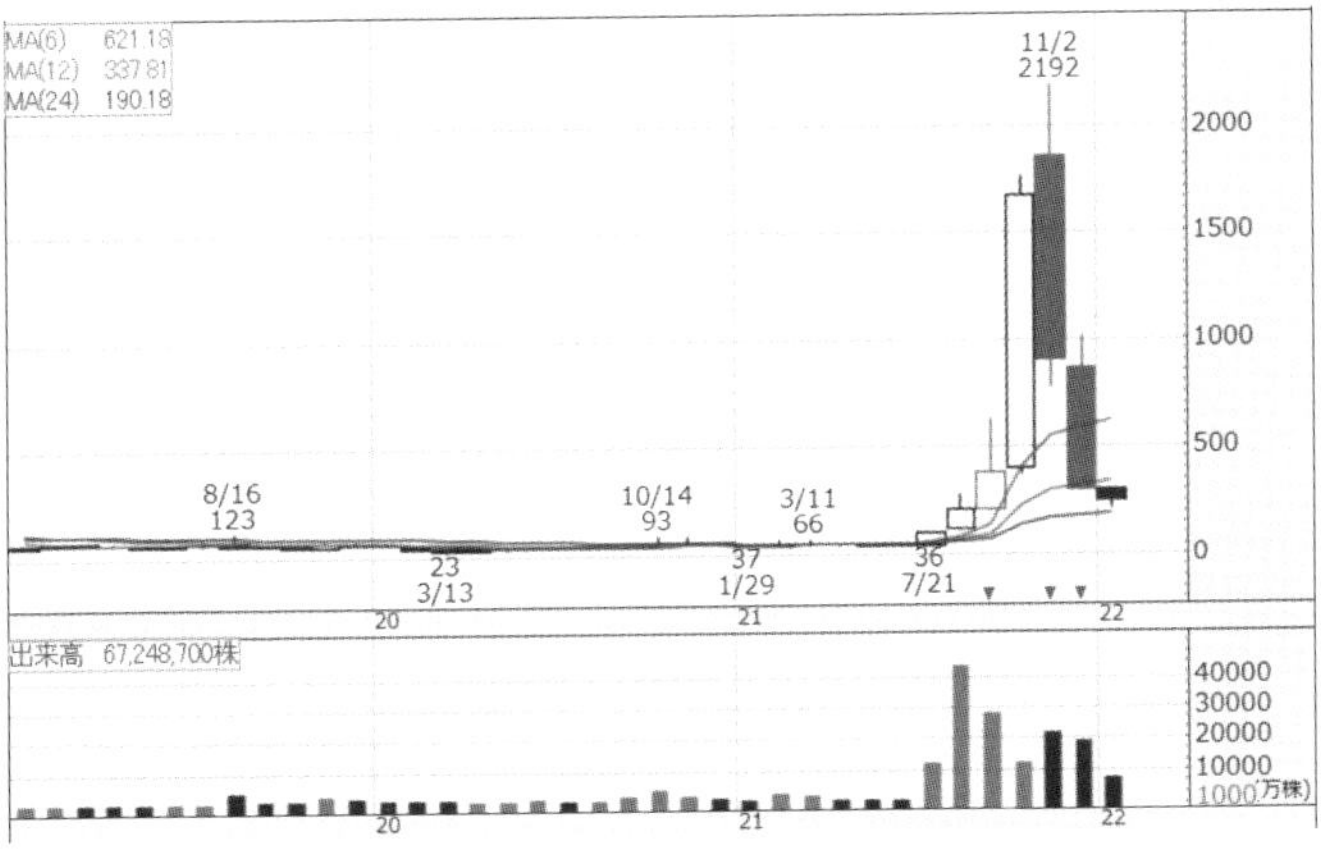

これだけは押さえておこう！株の初動は毎年5月

日本の大企業の多くは、3月末に会計年度を終え、新しい会計年度を4月1日に開始します。小学校とかも4月から新学年が始まって、3月までが1年間となっていますよね。

それと同じように、企業は通常、会計年度が終了する3月31日をもって、財務状況を整理し、決算書の作成に取り掛かります。

その結果、多くの日本の大企業は4月下旬から5月中旬にかけて、決算発表を行います。具体的には、4月26日頃から5月15日頃の間が決算発表のピーク期となることがほとんど。これは会社法により、会計年度終了から45日以内に決算発表を行わなければならないためです。

決算発表は、企業の業績や将来の見通しを投資家に示す重要な機会であり、株価に大きな影響を及ぼすことがよくあります。特に、良好な業績を示す決算が発表された場合、株価は大きく上昇することがあります。

また、四半期決算の場合は3ヶ月ごとに行われ、5月、8月、11月、2月に発表されることが一般的です。これにより、投資家は企業の短期的な業績を把握し、投資判断ができます。例として、ある企業の2月の決算が非常に良かった場合、その後の株価が上昇する動きを見せることがあるんですね。

下のチャートを見て確認してみましょう。

この会社は2月14日に「上期経常が17倍増益で着地・10−12月期も64倍増益」とあり、その直前の2月13日にも「今期経常92パーセント情報修正で最高益予

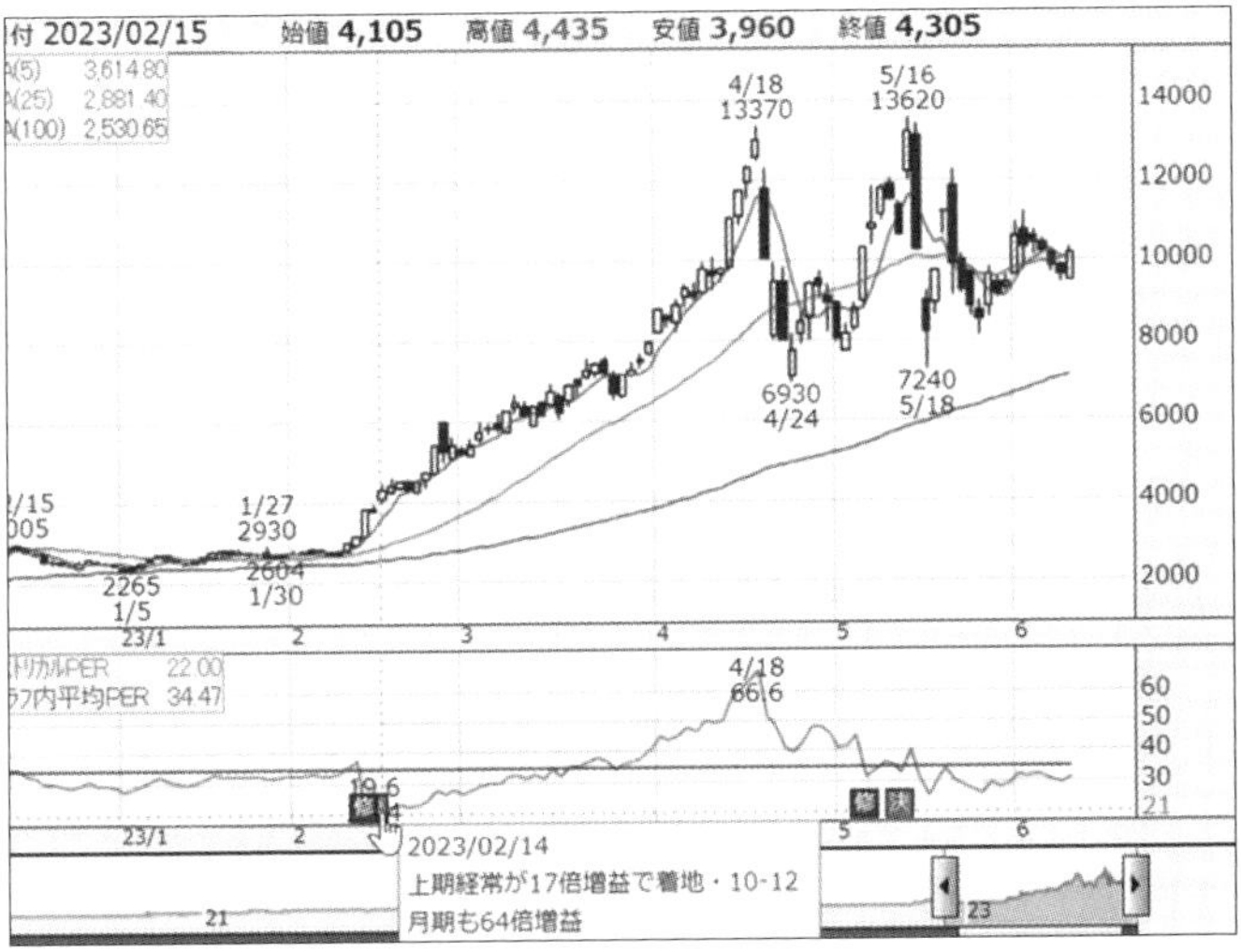

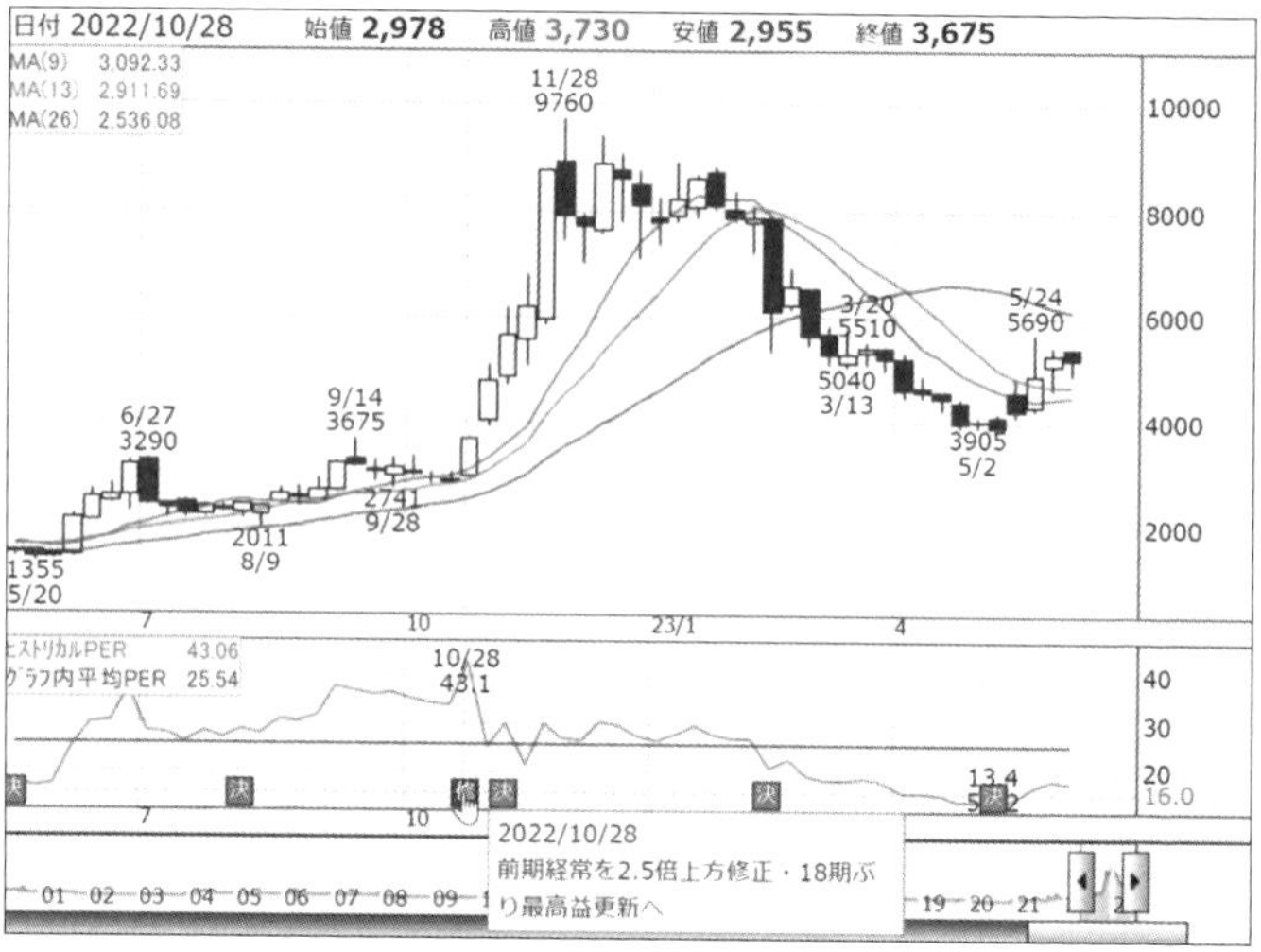

想上乗せ」って発表があったんです。92%って、ほぼ2倍ですよ。実業っていうのは常にこうありたいですよね。

もう一つチャート（上図）を見てみましょう。会社が想定以上の好調な決算数字を示す場合、早めに発表する必要があるという決まりがあるので、10月28日の決算発表前に業績が予想以上に良好であることが明らかにされ、情報修正が行われています。

この情報修正を受けて市場は活気付きました。さらに経常は57パーセント増で、2期連続最高益。前期配当15円増額増配で、今期は10円増配という結果になり、大きく値上がりしています。

第6章

成功する投資家になるために必要なこと

一流の投資家のマインドセットを身に付けよう

第6章では、私の経験・実績に基づいた洞察と投資戦略を紹介します。あなたが市場で勝者となり、資産を増やすために大切なことをお伝えします。

株式投資では、なぜ株で勝つ人と負ける人が存在するのか。どういった知識と戦略が必要なのか。そして、それらは経験や資金とは無関係なのか。そのような疑問に対する明確な答えが提示されます。

また、勝ち組トレーダーが持つ成功へのマインドセットや、資金管理術などの原則についても解説しますので、あなた自身のトレードスキルを飛躍的に向上させるのに役立つでしょう。

株で勝つ人と負ける人の最大の違いは「シナリオを作れるかどうか」

株式投資において「シナリオ作り」は重要です。すなわち、銘柄を買ってから売るまでの流れに関する仮説を立てることですね。当たり前ですが、株は買うだけではなく、いつ売るのかという出口戦略も重要になるのです。

といっても、ある程度株式投資に慣れた人でも、頭の中に「買うボタン」しかなくて、売るべき時に「売るボタン」を押せない人っているんですよ。なぜこういうことが起こるかというと、自分の中でシナリオを作れていないからなのです。

ここでうまく自分なりの仮説を立てられる人とそうではない人では、実力に大きな差が出てきます。

もちろん初めは完璧なシナリオなんて作れないですし、プロの投資家でも困難でしょう。でも、売買の一連の道筋を予想する練習を積むことは、大局を読むことにもつながり、投資スキルが上がります。

そのため、買値だけ決めるのではなく、必ず売値も確定してから行動しましょう。

初心者におすすめのシナリオは、少なくとも自分が購入した銘柄の価格が1・5倍、もしくは2倍になった時に利益確定（利確）することです。

下の図では、丸をつけているポイントで私は3回エントリーしています。

いずれも1・5倍の上昇シナリオを立ててエントリーし、利確しました。このように上がり下がりの規則性がある相場は伸びやすくなります。

私は、1・5倍もしくは1・3倍以上の利益を確保する

エントリーポイント例

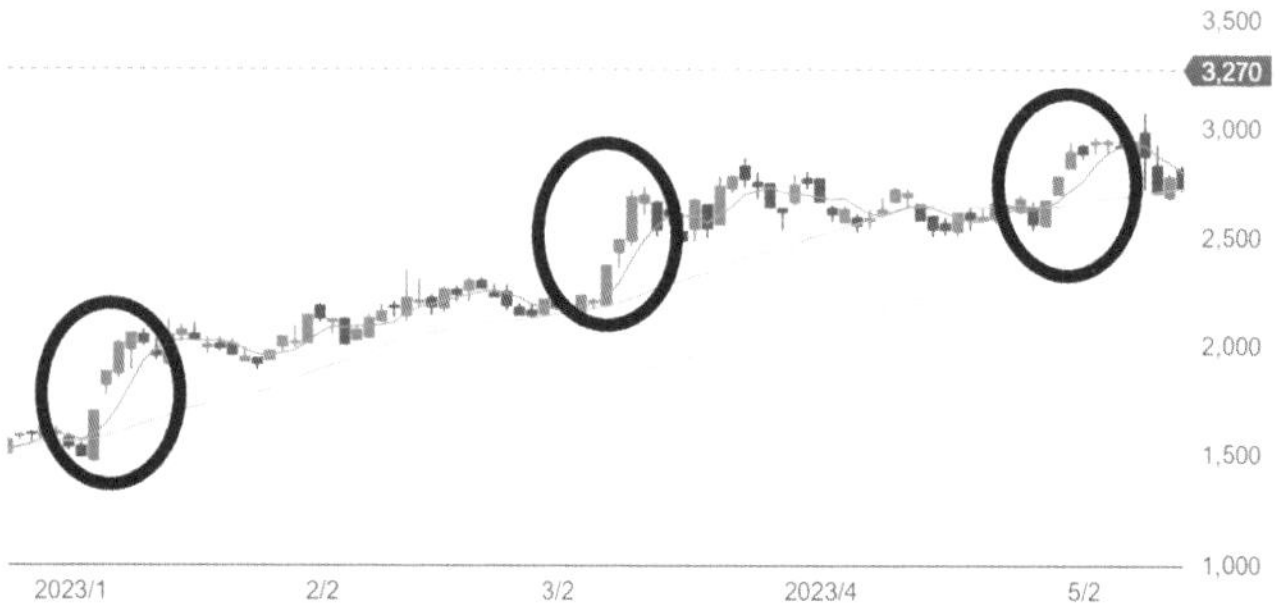

（引用：Yahoo！ファイナンス）

ようにしています。最低でも1・3倍は利益がないと、大きく資産形成しづらいためです。

長期的な上昇トレンドの間も、1・5倍の利確を繰り返すことで資産を増やせます。例えば、1・5倍の利確を5回繰り返すと、1・5の5乗で約7倍になります。

大型株の時は1・5倍や2倍で上がり下がりを繰り返すリズムが多くなります。チャートが崩れるまで徹底的に利幅を取ります。

シナリオがないと高値掴みをしてしまいます。

結局のところ、**株式投資で成功するためのポイントは、チャートの規則性を感じ取り、それに沿ったシナリオを立てることです。**

そして、手を出す・引くタイミングを見極め、適切に行動します。投資のシナリオを立てた後は、シナリオが崩れるまでは手放さないようにします。感情に流されずに計画に沿った売買を繰り返すことで、初心者・経験者にかかわらず成功率は高まります。

↓シナリオが崩れた時には必ず逃げる（ポジション解消）

シナリオはあくまでも仮説であり、予想通りに値動きするとは限りません。むしろ予想と反した結果になることの方が多いでしょう。だから私たちは投資戦略の一部として、様々な要素を考慮に入れる必要があります。その中には、銘柄の価格動向だけでなく、離脱タイミングも含まれています。次に、具体的な離脱ポイントをまとめました。

●買値より株価が下がったタイミングで一度離脱する
●ローソク足が5日移動平均線を割ったら、売ることを視野に入れる
●日足の下値や許容できる損の範囲を考え、逆指値を必ず入れる

・買値より株価が下がったタイミングで一度離脱する

投資シナリオには、自分が考えた通りに市場が動かない場合の離脱タイミングを組み込みます。

1・5倍から2倍に上がると考えてエントリーした銘柄が、買値から下がった時は、一旦抜けることを考えます。

これは「損切り」というわけではなく、「一旦離脱するだけ」という強い気持ちで行います。自分が戦国武将のトップだとイメージして、勝ち目がうすい時は「攻めるに値しない」という勝気なメンタルで撤退しましょう。

また、20％の損失はリカバリーが難しいため、原則として1回のトレードで失っても問題ない金額は、全投資資金の2％までと決めます。

全投資資金の2％の例：

●30万なら6000円

●100万円なら2万円

●750万円なら15万円

・ローソク足が5日移動平均線を割ったら、売ることを視野に入れる

ローソク足が5日移動平均線を割ったら、売却を考えてください。5日移動平均線が下向きになった場合も、撤退すべきサインです。

また、週足が天井を打ち、月足が下降したタイミングも同様です。これらの条件がそろったら、危険な状況です。

・日足の下値や許容できる損の範囲を考え、逆指値を必ず入れる

日足の下値や許容できる損の範囲を考慮し、逆指値注文を必ず入れましょう。これにより、予想外の大きな損失を防ぎ、自動的に株式を売却できます。

逆指値を行うと、すぐに発動してしまうという人もいますが、その場合はエントリー位置の見直しを検討する必要があります。この方法が難しい場合は、始める際の投入数を減らすよう考えてみてください。

ポイントを踏まえて、自分の投資戦略を見直せば、投資の成果を最大化できます。重要なのは、戦略が崩れたら逃げる勇気と、計画通りに進まない場合の対策を常に準備しておくことです。

その他に参考になる売却シナリオは次の通りです。

〈売却シナリオの例〉

- ●チャート分析により、特定の値動きやトレンドの終わりが見える場合には売却する（例えば、特定の線が下抜けした時や、反転パターンになった場合など）。
- ●重要なニュースや経営者の発言など、市場環境に影響を与える情報が出た場合、それがトレンド転換の引き金になると考えて売却する。
- ●出来高が急に減少した場合、売り手が増えて株価が下落する可能性を視野に入れて売却する。
- ●会社の業績やプロジェクトの進行が良好であるにもかかわらず、株価が下落している場合、決算の見直しやリスクの再評価を考えて売却を検討する。

こうした出口戦略を考えず、**「株式を持ち続ければいつか価格が上がる」と考えるのは危険です。**確かに、中長期的な価格上昇を見込むやり方もありますが、その場合でも売却のタイミングや条件を考慮しておきましょう。

このように株式投資に成功するためには、正しい知識を持つだけでなく、市場状況を理解し、それに基づく仮説を立てる能力が求められます。これらがそろうことで、市場に勝つ可能性が高まります。

現時点での経験や資金は関係ないと断言できる理由

株式投資において経験年数や資金量は必ずしも成功の要因ではありません。事実、株を20年、30年と長い間取引している人でさえ、未だに投資で失敗ばかりしている人は多いのです。

それよりも重要なのは、**「どういう仕組みで株価が上がるのか」を理解しているかどうか、つまり事の本質を見抜いていることです。**私の投資方法は特にシンプルで誰にでも分かるので、スクールの受講生たちも次々に成果を出しています。

株価が上がる理由を理解することは、投資家がどれだけ資産形成を成功させられるかに直接影響を与えます。

また、大きな銘柄に投資すると資金効率が悪くなる場合があるため、それを考慮に入れることも必要です。しかし、基本的には、株式投資の本質を理解し、それを根拠に戦略を立てることが成功への鍵となります。

勉強せずに長い時間をかけて投資を行うよりも、短期集中でしっかりと理解して投資を行った方が、より大きな資産を形成できることを、スクールを通して証明してきました。資金や経験にかかわらず、誰もが短期間で利益を出すことは可能です。

すでにお伝えした通り、私の手法はシンプルで初心者でもマネしやすいですし、それに加えて多額の資金を持つ投資家よりも、資金が少ない方が有利です。

そのため、イチから株式投資を始める人でも、経験者に勝てる可能性は大いにあります。

勝ち組トレーダーのみが持つ考え方

株式投資において成功する投資家の考え方には共通している点があります。裏を返せば、成功者と同じような思考を身に付ければ、あなたも勝ち組トレーダーに近づけるということ。

その考え方とは、次の通りです。

1. 迅速な損切りで資金を管理する

2. トレードの黄金ルールを遵守する

3. 余計な銘柄に手を出さない

この3つが重要な要素となります。

1つ目の損切りによる資金管理はリスクを最小限に抑えるために必要です。投資には常にリスクが伴いますが、迅速な損切りを行うことで、できる限り安全に行えます。投資した銘柄の価格が自分のシナリオとは逆に動き始めた時には、迅速に手放し資金を守ることが大切です。

〈損切りをしない場合のリスク例〉

損切りをしないと、一時的な価格の下落が大きな損失につながるケースがあります。例えば、特定の銘柄に投資し価格が下落し始めた時、期待していた反発がなくさらに下落した場合、損切りをしなければ投資資金の大部分を失います。

2つ目のトレードの黄金ルールの遵守とは、自分自身が設定した投資戦略やルールを徹底的に守り抜くことです。例えば、ある特定の指標に基づいて売買を行う、あるいは特定の損益比率に達した時点で売買を行うといったルールを設定し、それを厳守します。このルールの遵守が、投資結果に一貫性と予測可能性をもたらします。

〈トレードの黄金ルールを遵守しない場合のリスク例〉

トレードの黄金ルールを守らないと、感情が投資判断に影響を及ぼすリスクがあります。例えば、設定した売りタイミングとなったにもかかわらず、価格がさらに上昇する場合に賭けて保有し続けた時、その後の価格の下落により損失を被る危険があります。

3つ目の余計な銘柄に手を出さないという姿勢は、自分が理解していない、または状況判断ができない銘柄には手を出さないということです。

投資は資金をかける行為なので、しっかりと理解し、その銘柄が良いと判断できるものだけに投資すべきです。

〈余計な銘柄に手を出した場合のリスク例〉

未知の銘柄に手を出すと、情報不足や理解不足からくる誤った判断のリスクが高まります。

例えば、短期的な高騰を追いかけて未知の銘柄に投資した場合、その背後のビジネスモデルや業績の理解が不十分なまま投資を行うことになるので、価格が急落した際に大きな損失を被ります。

結局のところ、勝てるトレーダーとは、置かれている状況を理解し、銘柄の選択から売買タイミングまでを自分自身で判断し、それに基づいて行動できる人のことを指します。勝つためには、紹介した3つのマインドを実践しましょう。

言った通りにやるだけで面白いように資産が増えていく

私の投資方法においては、再現性があるため覚えるのは一度きりで資産を増やせます。その成功の秘訣は、確固たる投資法を学びそれを繰り返して、資産増加のペースが加速する複利の力を活用することにあります。

まず、投資法を学ぶことが第一です。投資法とは、銘柄の選び方や、購入・売却のタイミング、損切りのタイミングなどを含む投資全般に関する戦略と理論です。これらを理解し、自分の投資法として身につけることが重要です。

次に、その投資法を守り続けます。投資においては、同じ結果を繰り返し得る再現性の高い方法を適用することが大切です。**確立した投資法に基づいて行動することで、一貫した投資結果を得やすくなります。**

さらに、ここで活用されるのが複利の力です。「複利」は、元金に加えて利子にも利子がつくという経済原理です。

例えば、元金が100万円あり年利2％で1年間預けると、1年後には102万円になります。ここで得られた2万円が利子です。さらに、この2万円を含めた102万円を同じ金利で預け続けると、次の年には104万400円になります。この2万400円が利子の利子、つまり複利です。下にその過程を表にまとめました。

年	元金	利子	総額
1年目	100万円	2万円	102万円
2年目	102万円	2万400円	104万400円

このように、長期間で見ると複利の効果は大きく、利子を常に元金に組み入れて運用することで効果を発揮します。

これに対して、利子を元金に組み入れずに運用すると、「単利」となります。

スイングトレードの場合でも、複利の力は有効です。例えば、ある資産が1・5倍になる投資を繰り返すと、次のように利益を増やせます。

●1・5倍の6乗＝11・39倍
●1・5倍の10乗＝57・66倍

投資方法を一度学び、投資で得られた利益と元本の再投資を続けることで、資産の増加が加速します。

株は〝情報戦〟勝ち続けるための思考法

株式投資は情報戦と捉えられます。それに勝ち続けるためには、成功している人々の思考法を学び、模倣することが重要です。

成功者の思考法を模倣するとは、彼らの投資法や、リスク管理、決断の基準などを理解し、自分の投資行動に取り入れることを意味します。

例えば、1・5倍の乗数を繰り返し利用して資産を増やしていくという方法は、再現性があるため学びやすく、自分の投資法に組み込みやすいです。

また、環境作りについてはデスクトップに必ずしもこだわる必要はありません。私自身、普段はノートパソコンを使っています。重要なのは、環境よりも勝てるノウハウをトレースすることです。そのため、最先端の機器を用意する必要はありません。デスクトップパソコンやノートパソコン、さらにはスマートフォンなど、各自のライフスタイルや投資スタイルに合ったものを選ぶことが大切です。

早い思考が求められるデイトレードにはデスクトップパソコンが適しているかもしれませんが、スイングトレードのようにある程度長期的な視点で投資を行う場合は、ノートパソコンやスマートフォンで十分です。スマートフォンメインで投資されている方でも、10億円稼いでいる人は多くいます。

投資で勝ち続けるためには、自分に合った環境を作り、買っている人の思考法をマネすることに注力しましょう。

第 7 章

実践者インタビュー

株トレで成功した投資家の声を紹介

第7章では、ウルフ村田株トレマスタースクールに通う受講生の成功体験を紹介します。

投資スクールに通っても、授業料以上の成果を手に入れられるか不安に思っていませんか？

私のスクールでは1週間で授業料を回収したり、入会直後に80万円の利益を得たりした方もいらっしゃいます。授業料以上の利益や知識を手に入れられるでしょう。


また、受講生がたった一銘柄で２００万円を手に入れるなど、スクールの学びは直接的な成功につながります。スクールでは、初心者からベテランまで多くの方が成果を出しています。あなたがどのレベルであろうとも、投資で成功することは可能です。

投資パフォーマンスを飛躍的に向上させるスクールの実績を、ぜひその目で確認してください。

次はあなたの番ですよ！

長野さん「1週間で授業料回収に成功」

投資歴は5年で、コロナショックで大損した経験から投資顧問と契約したこともあります。しかし、資金が固定されてしまったり、マイナスになったりしたことがきっかけで、ウルフ村田先生のセミナーに参加することを決めました。

スクールに参加した理由は、ウルフ村田先生から質問に対する回答が得られると聞いたからです。Ｚｏｏｍでの会話で先生が私を励まし、「一緒に頑張ろう」と言っていただいたことで、入校を決めました。

スクールの授業はとても楽しく、著名な講師から直接話をうかがえるのは本当にありがたいと感じています。

スクールに入ってから、1銘柄の1週間分の利益で授業料を回収するほどになりました。

スクール入会前は自分で銘柄を選ぶことができませんでしたが、授業でチャートなどを学んで自己判断ができるようになりました。

先生はとてもパワフルで元気です。誠実で配慮ができる方ですし、清潔感もあるため予想以上に素敵な方だと思いました。

スクールで身につけたのは、急騰株に飛び乗らない姿勢と、売り上がり（相場の上昇に合わせて売りを増やし、買い足すことで平均の売値を高くすること）の方法です。

スクールに入ることを検討している方には、入校して本当に良かったと伝えたいです。授業料は安すぎると感じますし、月に1回のセミナー参加が可能な点もうれしいポイントです。

栗林さん「入会直後に80万円の利益」

私の投資歴は、大学から始めたため37年以上です。

スクールに入るまでは、長年投資での失敗が続いていました。そこで、自分の投資方法の何が問題なのかをセミナー受講で見直したいと思いました。また、ウルフ村田先生の主催セミナーということも魅力的でした。

スクールへの参加理由は、自己流の投資では相場に勝つことが難しいと考えたためです。スクールでテクニカルやファンダメンタルズなど、それまで理解していなかった用語や概念を学びました。先生の投資スタイルからも、大いに学びました。

一番利益が出たのは、スクール入校直後でした。その時の利益は約80万円でした。また、スクール入校前は、株の話を誰とも共有できない孤独を感じていました。しかし今は多くの仲間と語り合い、彼らからも学んでいます。

先生は、毎月会うたびにポジティブなエネルギーを受け取ることができる方です。それが毎月のモチベーションになっています。スクールで最も成長した点は、株式投資の技術を深く理解できたことと、自分の投資に対する悪癖を自覚できたことです。

スクールへの入校を考えている方に、「一人で悩むのではなく一緒に学びましょう」と伝えたいです。仲間たちと共に銘柄の話をしたり、分析をしたりするのはとても有益です。株式投資は基本的に孤独な作業ですが、スクールに入ることでそうした感情は軽減できます。ぜひ、参加をご検討ください。

末積さん「たった1銘柄で200万円」

私の投資歴は約25年になります。ＳＮＳでウルフ村田先生の活動を知り、実際にＺｏｏｍで直接話すことができるという点に魅力を感じセミナーに参加しました。

スクールへ参加した理由は、ウルフ村田先生だけではなく、他の講師からも学べるという点と、先生が直接授業をするという点に強い魅力を感じたからです。

スクールに入校したことで、基本的なことから最新の市場動向など様々なスキルや知識を身につけることができました。

スクール入校後、最も大きな利益は一つの銘柄で約２００万円でした。スクール入校前には、信用取引の経験がなかったり、手数料が高い取引を行っていたりなどの問題がありましたが、これらの問題は改善されました。

先生については、非常に気さくで服装も質素にされていて、素晴らしい方だと感じています。スクールで最も成長した点は、下落時の大損を避けるスキルを身につけたことです。一時的に利益を減らすこともありましたが、最悪の事態を避ける能力が身につきました。スキルが確実に上がっていると感じています。

スクールへの参加を考えている方には、ウルフ村田先生と出会える機会は非常に貴重だという点を伝えたいです。先生の投資歴は30年で、入会金や会費も他のセミナーに比べて安く設定されています。基礎から丁寧に教えてくれる事務局の方々も親切で、有意義なセミナーです。

福田さん「初心者でも黄金株発掘法を習得」

私の投資歴は8ヶ月です。当時のトレンド銘柄について、ウルフ村田先生に直接学びたいと考え、セミナーに参加しました。

スクールに参加した理由は、特定の銘柄で利益を上げていたものの、売り時がわからなかったためです。そこで、チャートなどを勉強したいと考え、スクールに入校しました。


スクールに参加して、自分で勉強することは非常に重要だと感じました。それと同時に、銘柄の選び方や売り時、買い時などを教えてもらえることも、非常に有益でした。

スクールの料金が高いため、実際にそれだけの利益が得られるのか疑問に思っていました。しかしスクール入会後、最大で20万円の利益を上げ、良い株の選び方も習得できました。


先生の印象は、とても真面目で実直な方だと感じています。スクールで成長した点は、チャートの読み方などを理解できたことだと感じています。また、他の投資家と情報交換の場を提供してくれるという点も大変有益です。

スクールへの参加を考えている方に伝えたいことは、受講生は自分の資産を増やしたいと考え真剣に投資をしている方ばかりなので、「先生の教えを共に学び、目標に向かって努力しましょう」

ということです。

繁田さん「人の言いなりで大失敗から一転大躍進」

私の投資歴は2019年6月から始まり、3年以上が経ちます。セミナーに参加したきっかけは、人生の挫折を経験し一人で立ち直ろうと考えたタイミングで、先生が受講生を募集していると知ったことでした。迷わず参加を決めました。

4、5年前から証券会社からアドバイスを受けたり有料投資顧問に登録したりして、投資をしていました。しかし、自分でチャートを見たことがなく、投資を基本から学び直したいと思い、スクールに参加しました。

スクールに参加する前、投資は一人で行うものだと思っていましたが、仲間を作り互いに励まし合いながら情報を交換する経験は、非常に有意義でした。スクールに入る前は投資素人で株のことを何も知りませんでしたが、いろいろなことを学びました。先生からは、生徒に利益を出してほしいという強い意志が伝わってきて、素敵な方だと感じています。

まだ成長途上ですが、目標は自分の恐怖心を克服し、先生が常に言っている「下値で買って上値で売る」というスタイルを、実践していきたいと思っています。

スクールへの参加を考えている方へのメッセージは、全くの初心者でも、問題ないということです。初めてでも多くのことを学び、成長できます。何を買うべきか分からないかもしれませんが、先生の指導に素直に従えば利益は出ると思います。また、新たな友人や仲間もできるので、とても良い経験になると思います。

相川さん「数千万円の利益も夢じゃない」

私の投資歴は約10年になります。初めにセミナーへ参加しようと考えた理由は、投資の成績が思うように上がらなかったためです。先生の知名度とブログ等を調べて信頼性を確認した上で、セミナーに参加することを決めました。

スクールに参加する決め手となったのは、先生の知名度と圧倒的な投資成績、そして経験です。

スクールへの参加後、先生の結果にこだわる姿勢が素晴らしいと思いました。また、ファンダメンタルズやテクニカル分析の学びから始まり、初心者からベテランまで全員が結果を出せる環境作りや、仲間作りに大変感動しました。

入校後に得た利益については、億には届きませんが、数千万円になります。スクールに入る前の悩みは、株式の銘柄選びや投資タイミングなどについてでした。本などから勉強しても解消されない部分がありましたが、スクールへの参加で解消できました。


先生は生徒を第一に考える方で、その熱意に心から感銘を受けました。

投資について、最終的には自分で学び、投資を行うことが重要だということをスクールを通して強く感じました。

もし投資について迷っているなら、このスクールを最初に選んでいただきたいと思います。すでに大きな損失を経験している方、利益をさらに増やしたい方など、様々な方に対応できるスクールだと思います。

濱岡さん「ついていくのが精一杯、それでも100万円」

投資歴は、1年と8ヶ月程度です。セミナーに参加した理由は、株式投資を始めるためのヒントを得たいと考えたためでした。

そして、投資について体系的に学ぶことが重要だと思い、スクールへの参加を決めました。初めは内容を理解するのが難しかったですが、徐々に理解できるようになりました。自身の知識が増えてきたことを実感しました。

スクール参加後に最も利益が出た額は、一度に100万円ほどです。

一人でスクールに参加したため、初めはとても不安でしたが、今では知り合いが増え、会うのが楽しみになっています。

先生は野球界でいうところの長嶋茂雄のような天才だと感じます。私のような初心者には理解するのが難しい部分もありますが、魅力と温かさに感動し、大ファンになりました。

スクールを通して、株式への理解が深まり、質問に正確に答えられるようになったのは、大きな成長だと感じています。

スクールは株式投資のための「武器」を手に入れる場所です。自分だけで戦えるようになるまで、継続的に通い続けることをおすすめします。そして、スクールで学んだことを実践し、自己のスキルを磨いていきましょう。

山田さん「2ヶ月半で授業料を回収、それ以降はすべて利益に」

資金400万円から始め、スクール入校後に株取引を始めました。1ヶ月半で250万円の利益を上げました。スクール入校前は優待目的で銘柄を保有するなど、少ない投資しか行っておらず、成績は良くありませんでした。

X（旧Twitter）のフォロワーが10万人以上のウルフ村田先生を一目見てみたいと考えて、セミナーに参加しました。先生の魅力に一気に引き込まれ、スクールに入会しました。意欲的に取り組んだこともあり、わずか2ヶ月半で授業料を回収し、さらにそれ以上の利益を得ることができました。授業以外のサービスも素晴らしく、本当に満足しています。

高杉さん「先生の教えにより1年で8000万円の利益」

資金100万円から始め、入校後1年間で8000万円の利益を上げました。

入校前から株取引を独学で頑張っていましたが、結果が全く出ず、資金を失っていく日々を過ごしていました。

ウルフ村田先生が公開していた取引履歴をネットで確認し、私も同じような結果を得たいと思い、スクールに入校しました。今では毎日、数十万単位の利益を安定的に得ています。これは、先生からの教えがあったからこそです。

これからもさらに高いパフォーマンスを発揮できるように、精進していきます。人生を変えてくれて本当にありがとうございます。

中野さん「1ヶ月半で1500万円のプラスに成功」

資金300万円から始め、入校後2ヶ月で1500万円の利益を上げました。

入校前、何も知識がない状態のまま独学で株を始め、大きな損失を出したことで悩んでいました。そのタイミングで偶然ウルフ村田先生のセミナーを知り、参加後そのままスクールに申し込みました。

授業では基本的なチャート分析の方法や急騰銘柄の見つけ方、情報収集のノウハウなどを教えていただきました。授業で取り上げられたKLabとenishという2つの銘柄をうまく購入できたため、わずか1ヶ月半で1500万円の利益を得ることができました。

この結果は自分でも信じられないほどですが、受講費用を考えるとスクールの価値は非常に高いと感じました。過言ではなく、株で人生が一変しました。スクールに参加するという決断をして、本当に良かったと心から言えます。

おわりに

本書を最後までお読みいただき、ありがとうございます。

いかがだったでしょうか？

本書では、あなたが資産家になるために、株式投資の基礎から私の投資手法までを解説しました。株式投資の入門書としては、最も優れた一冊であると自負しています。

「結局何から始めればいいの？」と思っている人は、まず証券口座を開設して入金するところから始めましょう。それが済んだら、第４章でお伝えしたような選定を通し、いくつかの監視銘柄を決めておきます。そして事前に出口戦略までのシナリオを思い描き、エントリーのタイミングを見計らいます。

すでに説明した通り、株式投資はもともと少資金の方が資産家になれる確率が高いのです。そのため少額からでも良いので、この本で学んだことを実践するようにしてください。

とはいっても、本書はあくまでも「株式投資の基本を押さえた入門書」です。本書の手法をあなたが実践していけば、株式投資の基礎を体で理解できるようになるので、すぐに株の中級者レベルには達することができるでしょう。ただ、あなたがそれ以上のレベルになり、億を超える資産家を目指すのであれば、この本で解説してきたこと以上の情報が必要になります。

そのためには、「株トレマスタースクール」に入ることをおすすめします。

株トレはオンライン学習プログラムですので、会員専用サイトにアクセスすれば全国どこからでも受講いただけます。

また、株トレに入ると、次の特典も受け取ることができます。

- ・初心者向けの入門講座動画26本
- ・授業で使用したスライド、セミナー資料
- ・メンバー限定の会員サイト
- ・月2回のオンライン生放送＋月2本のメルマガ配信サービス「月刊ウルフ」（月額2万1000円）が1ヶ月無料
- ・オリジナルテキスト
- ・回数無制限のメールサポート

・シークレットセミナーや講師との懇親会

「月刊ウルフ」とは、ウルフ村田による今の相場と地合いに合わせた相場解説と今後の相場の見通し、そして戦略をお伝えするものです。私のチャート分析と独自の情報を元にした動画であり、株式投資の相場観を身に付けるのに役立ちます。

Ｗｅｂ講座やマンツーマンのＱ＆Ａに加えて、メンバー同士の交流も可能です。投資家の仲間ができれば、情報交換ができるだけではなく、市場の動向を共有したり、さまざまな視点から分析したりできますので、より深く市場を理解できるでしょう。

さらに、投資における失敗経験を共有することで、互いにリスク管理のスキルを向上させる手助けをすることができます。このようなコミュニティに参加することは、自分一人では得ることのできない知識や経験を持つ仲間とのネットワークを築く大きな一歩となり、投資家としての成長に繋がる貴重な機会となります。

「寄らば大樹の陰」――この言葉は、強い者や経験豊富な者のそばに寄ることでサポートを受けられるという意味です。当スクールは株式投資の常勝軍団ですので、「大樹」の役割を果たし、あなたを温かく迎え入れます。資産家として大きく成長するために、ぜひ株トレマスタースクールにお入りください。

また、本書では移動平均線を利用したトレード手法を紹介してきましたが、手法よりも意識するべきは移動平均線のパラメータです。この設定の方法がテクニカル分析では最重要になります。

とはいえ本書の冒頭でもお伝えした通り、株式銘柄によって最適な数値設定は異なります。すでに移動平均線を使っている投資家の中には、同じ設定のままにしている人もいるのではないでしょうか？

うまくパラメータを調整できている投資家もほとんどいませんが、逆に言えば「移動平均線を使いこなせるようになれば、利益を上げやすくなる」ということです。

移動平均線で一般的に使われているパラメータは5、25、75ですが、実際にトレードする際は銘柄に合わせなければなりません。ただし、どのタイミングでどのようなパラメータを利用すればいいのか判断するのは困難ですし、メジャーな数値に変更しても合わないケースも多々発生します。

そこで本書を手に取った人限定で、ウルフ村田式・移動平均線パラメータ設定マニュアルをお配りしています。

私は長年チャートを観察し続け、移動平均線の設定方法にはパターンがあることを見つけ出しました。そのパターン通りに数値を設定すれば、きっとあなたのトレードにも役立つでしょう。

もちろん無料の取引ツールでも設定可能ですので、今使っているツール上で、マニュアル通りにパラメータを変更してみましょう。

次のＱＲコードを読み取ればマニュアルを無料で入手できますので、ぜひマニュアルをフル活用し、無駄なく効率的にトレードしてくださいね。

ウルフ村田

読者様への特典

是非下記QRコードより
お受け取り下さい。

QR コードからご登録すると
下記特典を受け取ることができます。
登録は無料です。

- ☑ ウルフ村田オリジナル パラメータ設定マニュアル
- ☑ 黄金株発掘スクリーニング法（動画）
- ☑ 暴落時のトレードテンプレート

期間限定の特典となっていますので
お早めにご登録ください。

ウルフ村田

株式投資を行っていた親戚の影響を中学生のときに受け、東京大学経済学部在学中から投資の世界に。短期急騰株投資において、30年以上にわたり勝ち続けることに成功。2013年には年間で2億円以上の利益を実現するなど、着実に実績を積み上げている。X（旧Twitter）・Youtubeを中心に、投資に関する有益な情報を発信。テレビにも多数出演しており、「ワールドビジネスサテライト」(テレビ東京)や「深イイ話」(日本テレビ)といった番組で投資に関する話を展開するなど、さまざまなメディアにて精力的に情報発信を行っている。

日本一の億トレ養成機関
ウルフ村田　株トレマスタースクール
秘密の授業

2023年9月30日　初版発行

著者／ウルフ村田

編集協力／池田昇太

印刷所／株式会社クリード

監修／ウルフ村田 株トレマスタースクール運営事務局

発行・発売／株式会社ビーパブリッシング
〒154-0005 東京都世田谷区三宿2-17-12　tel 080-8120-3434

ISBN 978-4-910837-22-2　C0033